隨心所欲

享受精彩人生

【目　錄】

隨心所欲 享受精彩人生

10 個人生的典範

文／姚思遠（董氏基金會執行長）

「七十而隨心所欲，不逾矩。」這是一個人生的美好境界。董氏基金會《大家健康》雜誌此次特別採訪 10 位 70 歲以上的長者，撰寫他們精彩的人生故事，出版《隨心所欲：享受精彩人生》一書。

這 10 位來自各領域，備受推崇的長者，依年齡排序，分別是：對臺灣營養教育貢獻卓著的黃伯超教授；知名演員，全心投入慈善活動的終身義工孫越先生；知名企業和成集團第二代經營者邱俊榮總裁；當代最有影響力的女性作家薇薇夫人；資深廣告人，臺灣廣告教父賴東明董事長；知名的婦產科醫師，人文教育的實踐家謝孟雄董事長；全方位醫療倫理教育者黃勝雄院長；為企業培養人才，促進社會學習的黑幼龍先生；臺灣企業家，知名矽達人王純健董事長；努力推廣單車運動，創辦臺灣第一所單車學校的謝正寬校長。

10 位長者有各自不同的人生歷練與體驗，他們的處世哲學與人生智慧，值得讀者一一細心品嘗。

此外，書中也有他們每個人獨到的養生觀念，不論是飲食習慣的自

我要求、生活知識的不斷學習、心靈成長的追求淬鍊，或是身體健康的保養運動等，都可以做爲我們現代人在健康養生上的參考。

　　這 10 位長者豐富的閱歷與成就，不但代表不同典型的成功人生，更是值得我們學習及自省的典範。因此，出版《隨心所欲：享受精彩人生》這本書，我們希望能讓社會認識他們認眞、執著、負責的生命態度，並進而激勵出我們更多珍惜生活、努力成長的積極能量。

邁向成功的人生美學

文／沈春華（金鐘主持人）

　　有一回我應邀演講，講題為「邁向成功的人生美學」，現場湧入2500人，氣氛熱烈。很多人都想問，成功的人生該是什麼樣子？我想，在問這個問題前，該先問自己對於成功的定義是什麼？你想要什麼樣的生活？清楚自己想要的生活，就要給自己清楚的目標，才能穩定的邁向自己所定義的「成功」。

　　《隨心所欲：享受精彩人生》這本書，集結10位來自各領域，備受推崇的長者，他們都超過70歲，他們的精彩人生，更是各種不同典型的成功人生典範。

　　1981年，我讀大學時，經學姊推薦到光啟社主持節目，認識了本書中的一個成功名人黑幼龍先生。當時他專業認真的工作精神，就令人印象深刻，他也成了我日後人生路上不時請益的長輩。黑幼龍先生離開電視節目後，引進知名的企管訓練「卡內基訓練」，幫助企業培養人才。有幾次的民間調查，他都被評選為對臺灣最有影響力的人士之一、20～40歲的上班族最想追隨領導人之一。現在70多歲的他，依然不變的是那

股幫助人的熱誠，與提攜後輩的心。

書中的另一個人物，黃勝雄院長，也是我認識多年的長輩，原本是美國知名的腦神經外科醫師，1993 年，他不計薪酬，放棄原本優渥的工作環境，回來臺灣接下花蓮基督教門諾會醫院院長的職務。初次見面黃院長就是為了幫門諾募款而專程自花蓮北上。他告訴我，人名千百種，很不容易記住，因此要善用意義連結法。比如看到他就想到「勝利的英雄」，就不會忘記了，黃院長的幽默和翩翩風度確實令我印象深刻。歷經 10 幾年的努力，他讓原本靠捐款經營的小醫院，變成一家區域教學醫院。

孫越孫叔叔，也是我們大家熟悉並敬重的長輩。在書中，他說：「我用十多年的時間經營自己，成了一位名人，如果把這些東西轉去幫助弱勢，神應該會喜悅。投入志工是我人生中最豐富、最美好的日子。」，他對成功的觀點是「無論你定的目標是什麼，把它們安定在心中，不要放鬆，也不要懈怠；因為即使是這樣，還是不夠的。你跟所有的成功者一樣，除了確立目標之外，還得努力工作，耐心等待，不畏困難，這樣才能邁向成功。」值得令人省思。

我自己對成功的定義是：「心靈自由、有能力給、有自信得、瀟灑自如」。這本書的 10 位長者，已過了隨心所欲的年紀，可是仍有不斷學習與自我實踐的衝勁，讓人佩服。這本書所匯聚的人生智慧，可以讓你對於想要的生活、想過的人生，提供思考的方向和實踐的方法。

學習他們的人生智慧，
建立你的心靈財富！

文／林蒼生（統一集團總裁）

　　歐債問題的延燒，造成世界金融局勢的動盪不安，和 2008 年的金融海嘯一樣，許多人感到是一個嚴重的經濟問題。但如果深入思考：是不是人心病了？是不是社會畸形發展了？是不是人類的錯誤作為，導致大自然的反撲？

　　我曾在自己的書《隨便想想》中提到，關於「財富」應該分成眞實的財富與虛假的財富，眞實的財富是可以提高生活品質，讓我們的身體、精神或心靈層次有所提升的財富，而虛假的財富，會擴大自己的貪婪與欲望，進而造成社會的混亂……。

　　《大家健康》雜誌出版《隨心所欲：享受精采人生》這本書，集結 10 位 70 歲以上的長者，記錄著每一個人物的人生歷練、處世哲學，更難能可貴的是他們「生命智慧」的經驗傳承！對企業人，對現代人來說，這是一本提升自己心靈財富的好書。

　　書中的長者包括終身義工孫越、女性的心靈導師薇薇夫人、廣告教

父賴東明、實踐大學董事長謝孟雄、門諾醫院總執行長黃勝雄等 10 位名人，我發現他們這 10 位受人尊重的長者，在爲人處世上，有一些相近的人格特質與生命智慧。

他們在做事上，不爭自己個人的利益，以眾人的利益做爲優先考量；他們的人生態度，是以服務、歡喜、寬恕的心境去對待他人；他們會把成就別人當做成就自己一樣感到快樂。這些特質，即像《道德經》「上善若水」的道理，善行就像水，只默默地自然流動，而自然的流動，就逐漸形成山川的優美，相信這幾位長者的表現，也是一樣。

2012 年開始，世界已進入了水瓶座的世紀，現在是個非邏輯要與邏輯平衡發展的時代。我們要在物質與非物質間、經濟與文化間、欲望與靈性間求得平衡，和諧平衡的生活方式，才能淨化心靈，進而使社會逐漸成爲《易經》裡所說的「小畜」與「大畜」平衡發展的「大同世界」。希望我們大家，追隨這幾位長者的理念，一起努力，使自己也在未來成爲與他們相同的表率人物。

讓人精神為之一振的好書

文／梅可望（前東海大學校長、臺灣發展研究院創辦人）

　　臺灣輿論界的知名人物，包括孫越、薇薇夫人、謝孟雄、黑幼龍等10位，精彩的人生故事，收錄在《隨心所欲：享受精彩人生》一書，應該是出版界的大事！

　　光看到每一位名人的文章標題，就不禁讓人精神為之一振，覺得此書問世，必能導引人心走向精彩的人生；因為他們10人，無論在養生和修養方面都有傑出的表現，足為社會的楷模！他們願意把自己的心得和體驗，向社會大眾分享，的確很值得感佩！

　　這10位名人當中，孫越、黑幼龍和薇薇夫人雖未見過面，透過他（她）們的著作，心儀已久；謝孟雄則是「兩代友情」，他的言行是我的典範；其餘6位都是各界的大師；有此陣容，則此書的風行，當可預見。

　　很多人把「人生」看成苦澀，其實任何人的人生都可能是甜蜜和美好的；其分野只在當事人「一念之間」！人生的苦與甜、成與敗、美與醜都是各人的觸感，與他人無涉！例如對「酒」的觀感，有人避之如洪水猛獸，有人則「一日不能離此君」；萬事萬物都可作如此觀。

本此，「隨心所欲」應該是正確的人生態度，只要站穩關懷社會、造福眾生的基本立場，在「隨心所欲」的心態下，以認真的態度，一定可以活出精彩的人生！

　　我對本書的 10 位名人，謹致最誠摯的敬佩之忱。

　　編按：梅可望博士，生於 1918 年，曾任東海大學校長、中央警官學校校長及臺大、師大、中興、文化等大學教授等職務。他是一位教育家，一生奉獻給臺灣的警界及教育界，今年 95 歲的他，仍然精神奕奕，每天保持規律的生活習慣不時與友人偕伴旅行，2010 年，他還登上黃山，活力充沛可見一斑。

多學一點，多做一點，多玩一點！
也能活出燦爛人生！

文／戴勝益 （王品集團董事長）

　　經過街角的小咖啡廳，看見裡面有四、五個人，各占一桌，分布在餐廳裡的各角落。他們有的在看報，有的打電腦，有的在發呆，有的在東張西望。他們唯一的共同點，就是都是待業者，到咖啡廳度過那漫長的一天，所以他們喝的咖啡是苦澀的。

　　也有一種人，在繁忙的公務空檔，跑去 coffee shop 喝杯咖啡，那種偷得半刻閒的輕鬆心情，咖啡喝起來是香醇可口的。

　　同樣是喝咖啡，竟有截然不同的感受，正如生命的長度是一樣，過程和目的卻是截然不同。

　　孔子說：「吾十有五而志於學，三十而立，四十而不惑，五十而知天命，六十而耳順，七十而隨心所欲，不逾矩。」這是孔子一生的境界，也是他對人生的看法。「隨心所欲」是一個人生圓滿的境界，心境能達到自由自在，是許多人的人生想追求嚮往的。

　　《隨心所欲：享受精彩人生》這本書，集結 10 位 70 歲以上的名人，

細談他們的人生經驗與處世哲學，分享他們累積了大半生的智慧結晶。這10位名人，來自各行業的成功標竿，可以當作你想要學習的對象。

不過我要再次提醒，要學習成功人士的努力、扎實、做事方法及待人的態度，而非學到成功人士的表徵，例如趕快買一部高級房車、找個司機、打高爾夫球、穿高級西裝，因為這些只是成功人士的結果，不是他們成功的原因。如果你只學習到結果，卻沒學習到原因，這樣的學習也是徒勞無功。

這本書中的所有主角，個個都是活得精彩過人，此刻的你，若能「多學一點，多做一點，多玩一點」，相信也能活出燦爛人生、成就非凡！

學術為志業，開啟營養學的天地

黃伯超

了解吃的學問，為健康把關

1926 年生，前臺大醫學院院長，1949 年臺大醫學院畢業後，原臺北帝大醫學部（臺大醫學院前身）的日本籍教授逐漸離開臺灣返日，在師資、研究人員缺乏下，黃伯超放棄原本收入較高的臨床醫師機會，投入薪水較低的基礎醫學教師工作。

他奉獻基礎醫學教育，超過半世紀，作育英才許多，是本土醫學教育的改革先驅。在學術領域上，他多項「蛋白質」研究，深受國際肯定。他也是臺灣營養學研究的領航人，對臺灣的營養教育，貢獻卓著，曾擔任亞洲營養學會聯合會會長，並獲得臺灣營養學會頒發的營養特殊貢獻獎，其著作《營養學精要》，被譽為營養學界的聖經。

高齡 86 歲的他，仍會使用電腦，保持各種新知，並擔任臺大醫學院生化學暨分子生物學科名譽教授，實踐他「活到老、做到老、學到老！」的人生態度。

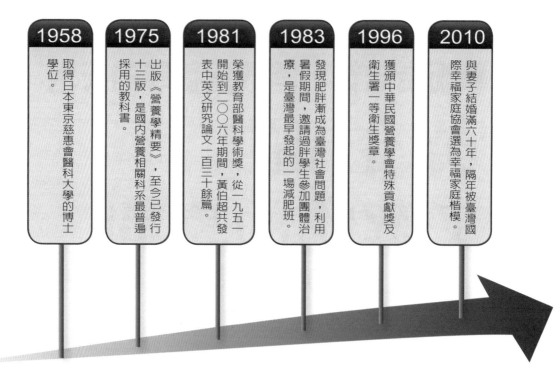

1958	1975	1981	1983	1996	2010
取得日本東京慈惠會醫科大學的博士學位。	出版《營養學精要》，至今已發行十三版，是國內營養相關科系最普遍採用的教科書。	榮獲教育部醫科學術獎，從一九五一開始到二〇〇六年期間，黃伯超共發表中英文研究論文一百三十餘篇。	發現肥胖漸成為臺灣社會問題，利用暑假期間，邀請過胖學生參加團體治療，是臺灣最早發起的一場減肥班。	獲頒中華民國營養學會特殊貢獻獎及衛生署一等衛生獎章。	與妻子結婚滿六十年，隔年被臺灣國際幸福家庭協會選為幸福家庭楷模。

黃伯超 精彩大事紀

　　穿著白袍，每天忙著教書、開會、做研究，是一般醫學院教授的生活模式。退休後的黃伯超，選擇和以前一樣，每天穿著白袍到學校報到，不同的是，不再主持研究，而是去學電腦。

　　做了一輩子的研究，目前擔任臺大醫學院生物化學暨分子生物學科名譽教授的他，沒有半點躲在「象牙塔」和現實脫節的形象，所作所為仍和時代緊密結合，默默對社會付出貢獻，他的撇步是：「活到老、做到老、學到老。」

走上基礎醫學領域，黃伯超考量的是社會需要，並沒有把個人名利擺在首位。出生於1926年，接受日式教育的他，成績相當優異，小學升中學時，順利考上臺北高等學校尋常科（中學部），此後一路直升臺大醫學院，一生只參加過一次升學考試。

早年在臺灣社會的傳統價值裡，當醫生是最穩當的路，然而，選擇科別時，黃伯超卻決定做較冷門的基礎醫學，而不是多金、受病人尊崇的臨床醫學，他所持的理由是：「醫學院沒有人了，怎麼辦？必須要有人做基礎醫學呀！」

1945年，中日戰爭結束，日本統治者退出臺灣，由日籍教授領導的臺大醫學院，只剩少部分教授留在臺灣。1949年後，留任的日籍教授金關丈夫、河石九二夫也返回日本，臺籍老師只有杜聰明、魏火曜、李鎮源、董大成

無論去到哪裡，在人世中成為什麼，希望盡可能的努力，以醫學研究度過此生。

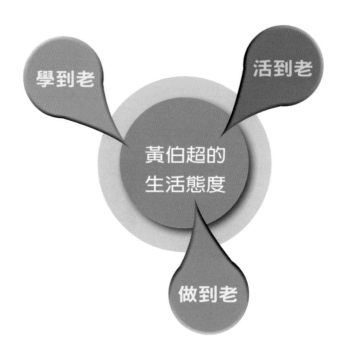

等，加上數名講師、助教。黃伯超回憶，當時醫學院「連學生在內，也覺得人煙稀少。」

不在意薪資物質條件
只想為臺灣做一點事

　　做研究很寂寞，物質報酬也較少。1949 年，4 萬元舊臺幣換 1 元新臺幣時，黃伯超當助教的月薪不到 300 元，和開業醫的收入根本無法相比，所以多數醫科學生畢業後都去當開業醫。有一次，醫學院和醫院發起捐一日所得行善，他赫然發現：「我（醫學院院長）的基本薪水，只有醫院院長的一半。」

在經濟條件較差的情況下，黃伯超從沒有想過更換跑道。他笑著說：「不是我不愛錢，我也喜歡錢；不過，收入至少算是中等，還過得去。」他還透露：「好在父親在我當助教的時候，就買了房子給我。」

物質環境別人還幫得上忙，長期做研究工作的寂寞則要自己承擔，到底是什麼動力，吸引他在這個崗位堅守近半個世紀？黃伯超調整一下耳朵上的助聽器，認真地說：「做一些以前的人沒做過；或者雖然有人做過，但還沒確定的問題，都會覺得『假如自己做得成功，會對社會有一點貢獻』。」回溯過往做過的研究，他自剖：「和興趣相比，也許那種感覺是更強烈一點的動機。」

在那個「來來來，來臺大；去去去，去美國」的年代，黃伯超即使有機會到美國進修兩次，仍然選擇回臺灣貢獻他的所學。

我想為臺灣做一點事，因為我本來就在臺大，所以就想在臺大認真地做研究，努力提升臺灣在國際上的學術地位。

2007 年，亞洲營養學會聯盟大會於臺北舉行，81 歲的黃伯超教授以會長身分致詞。

「我本來就在臺大，所以就想在臺大認真地做研究，努力提升臺灣在國際上的學術地位。」那個時代，選擇留在美國的經濟誘因及研究環境很具吸引力，但是黃伯超仍然選擇回臺研究。

蛋白質的研究成果
被世界衛生組織看重

細數黃伯超的研究，幾乎都在當時發揮很大的影響力，也因為這些新的論點，讓他成為營養知識先驅。尤其是對蛋白質的研究，是他自認「比較有成績」的領域。

早年，物資普遍缺乏，只有少數人能過豐衣足食的生活，處於開發中國家的臺灣，雖然比東南亞各國好些，但最大的營養問題來自「蛋白熱量缺乏症」及「維生素B群缺乏症」，但是，到底缺多少？吃多少才夠？黃伯超的

第一個研究就是「中國人的蛋白質需要量」，分析國人和外國人的蛋白質需要量有無差異。

研究結果顯示：中國人的蛋白質需要量和其他國家差不多，黃伯超將需要量和實際攝取量相比，進一步發現：「1930年代，國人的蛋白質攝取量不太夠，而好幾種維生素、礦物質也有不足的現象；結論是，臺灣早期兒童的生長發育不夠理想。」

時間往後推50年，也就是1980年之後，國小5、6年級到國中1、2年級階段的男生，身高比50年前多出10餘公分，體重也明顯增加，他對此數據提出解釋：「1960～1970年代以後，臺灣小孩子的營養狀態才逐漸改善。」

黃伯超的蛋白質需要量研究，先後以本國成年人、1歲左右的嬰兒為樣本，其研究成果，收錄於世界衛生組織（WHO）和聯合國

糧農組織合編的蛋白質及熱量專書中；而日本最高的衛生主管機關
——厚生省，建議的嬰兒蛋白營養需求量，也參考他的研究結果。

爭取美國國衛院經費
才有經費回臺做研究

基礎醫學雖然冷門，但研究工作所需的精準度，比臨床醫學更
嚴苛，每個環節都要嚴密監控，結果提出去後，還要面對各界質疑，
當研究者無法為自己的研究提出強而有力的說明，整個研究結論的
價值便蕩然無存，前面的努力也化為泡影。

如何攝取蛋白質補充營養？

同樣是蛋白質，攝取到好的蛋白質，才對人體有幫助，黃伯超指出：「母乳蛋白質及蛋的蛋白質」是最好的蛋白質。

至於如何分辨蛋白質的好壞？他指出：通常是用老鼠做實驗。方法是在剛斷奶老鼠的飼料中放進 10％的某種蛋白質，實驗後發現，飼料中放蛋的蛋白質，老鼠長得最快。他進一步表示：「蛋類、奶製品、瘦肉、魚類等食物的蛋白質相當接近，差異不大。」

有最好的蛋白質，也有最差的蛋白質，黃伯超透露，「也許大家覺得訝異，不過，最差的蛋白質，居然是價格昂貴的魚翅。」他曾只用魚翅為蛋白質來源餵食老鼠，最後老鼠都死掉了。分析原因，不是魚翅缺乏蛋白質，相反地，魚翅的蛋白質含量很高，不過，品質都是不好的蛋白質，如指甲之類的蛋白質，缺少人體某幾種不可或缺的必需胺基酸，尤其是色胺酸。

研究得到國際的肯定，成為參考文獻，是因為黃伯超的研究方法很科學。他曾於 1965 年遠赴著名的美國麻省理工學院取經，在該校進修兩年，當時的麻省理工學院營養及食品科學系主任就是蛋白質營養專家，黃伯超說：「在那邊（麻省）比較深入瞭解蛋白營養的研究方法怎麼做。」

返國後，黃伯超更在麻省理工學院主任的協助下，申請到美國國家衛生研究院的研究經費，也因為這筆經費，他才有辦法開始研究。1960 年代，行政院國家科學委員會的研究經費有限，他指出：「還好申請到美國國家衛生研究院的經費，現在看來，好像沒有很

燒餅營養價值比速食麵高嗎？
6 種常食用的麵類食品營養價值比較

黃伯超曾研究分析白麵條、油麵條、速食麵、油條、麵筋及燒餅，6 種麵類食品的蛋白質營養價值。

他發現，經過加工的過程不同，營養價值也有差異。通常加工過程愈久、溫度愈高，營養價值流失也愈多。

白麵條無高溫及加鹼的處理，營養價值最高，接著油麵條次之。速食麵油炸而成，但廠商為了讓麵條有彈性，會混合黃豆粉及黃豆蛋白，營養價值稍為比純油炸麵食高。而燒餅置於 200℃的烤箱，加熱溫度、時間比速食麵高，所以營養價值比速食麵低。至於麵筋與油條在 180～200℃的溫度下至竭變，營養價值更低。

多錢，當時對我們來講，卻是相當大的金額。」

那時，平均 1 年贊助 1 萬 5 千美元，總經費約 3、4 萬美元，可是因匯差大、臺灣物價低，算是不小挹注。當時研究助理月薪才 1500～2000 元新臺幣，他請了 4 位研究助理；還把實驗室整修一番，屋頂換新、裝上中央空調設備等，做好大幹一場的準備。

指著臺北市仁愛路、中山南路口那棟現在稱為「臺灣大學人文醫學館」的兩層樓古蹟，黃伯超說：「一樓就是以前的生化學科，後面本來還有一棟研究用的新陳代謝病房，已經拆掉了。」

研究實驗的趣事
乖乖收集大小便

當時做蛋白質研究，需要連續收集研究對象兩週的大小便，如果研究對象住在宿舍或家裡，

魚翅是昂貴卻又不營養的佳餚，因為魚翅蛋白，並非是品質好的蛋白質。

常會忘了收集有效樣本，所以黃伯超爭取建設新陳代謝病房，讓6位研究對象住在裡面。

當時是找學生當樣本，雖有給報酬，但吃的都是不含蛋白的東西，既難吃又沒變化，還要連續吃兩週，現在回想起來，他感到欣慰：「那時候的學生比較乖，不會偷吃別的東西，乖乖地收集大小便。」

研究完成後，黃伯超寄給當初協助他的麻省理工主任，還跟美國的結果做比較，原本以為會有的種族差異問題，深入分析後發現：「種族的平均差異，比同一種族的個人差異小。」這項結論使「是否有種族差異」變得比較不重要，WHO 和聯合國糧農組織刊登這項研究時，也就沒提到種族差異問題。

告別研究室的代表作
70歲轉做素食研究

1965 ～ 1985 年，黃伯超花了 20 年做蛋白質研究，隨著經濟起

膠原蛋白的補充迷思

時下美容保健聖品膠原蛋白，在黃伯超的科學分析後，也有另一層思考。

他指出：「膠原蛋白中，色胺酸等必需胺基酸的含量很少，甚至沒有，我們平常吃肉時，多少會吃到膠原蛋白，所以沒那麼需要額外補充。」

飛，國人的營養問題也從不足轉變爲過剩、不均，一向對社會脈動敏銳的他，把研究方向做些微調整，從蛋白質轉爲脂質。在多項研究中，以「素食研究」最廣爲人知。

做素食研究時，黃伯超已年近70歲，準備退休。那時，他在臺北找了56位研究對象（女生30位、男生26位），在慈濟醫學院教書的學生也在花蓮找了53位女性吃素者，另有大約相同人數的雜食族爲對照組，測量這200多人的身高、體重、血壓、血脂值，結果發現：「吃素者的體重較輕，血壓、低密度膽固醇（LDL，俗稱壞的膽固醇）都較低，且LDL不易被氧化，罹患粥狀動脈硬化的可能性較低。」素食的研究，是告別研究室的最後代表作。

黃伯超教授擔任臺灣大學醫學院院長時，親自構思設計臺大醫學院的院徽，他仔細的説明：右側的「白蛇」，源自希臘神話，相傳醫神阿斯克雷皮斯經常手持盤繞著靈蛇的神杖，雲遊四方治病救人，後人便以「蛇繞拐杖」作爲醫學標記。右側的「楓葉」，是因臺大醫學院早年遍植楓樹，有「楓城」的雅稱。上頭的「M」代表醫學Medicine，其下吊掛的木鐸，有教化的意義，將木鐸吊掛在M處，代表「醫學教育」。最下方的「1897」則是臺大醫學院創始的年代，也代表其源遠流長的歷史。

黃伯超與妻子結髮超過 60 年，2011 年還被選為幸福家庭楷模。右圖為 2012 年夫妻倆於清境農場合影。

皮蛋比雞、鴨蛋的營養價值高嗎？

蛋白質需要量的研究完成後，黃伯超把觸角轉向「中國特有的高蛋白食品」，其中關於皮蛋的研究結果，也常被引用。在研究之前，黃伯超的想法是：「皮蛋的味道、顏色和普通的鴨蛋都不同，營養價值也許不同。」

研究後發現：經過強鹼醃製的皮蛋，除了維生素 B 群變得較不穩定外，維生素 A、D 還算安定；此外，皮蛋還含有原本在雞、鴨蛋中，沒有的胺基酸（Lysine alanine），黃伯超解釋，這種胺基酸是強鹼引起的變化，不過，純粹分析蛋白質，「皮蛋和一般雞、鴨蛋的蛋白質營養，只差一點點而已。」

退而不休的生活
現代版的十全老人

　　70 歲主持研究、80 歲還在醫學院兼課，放眼臺灣的大學，像黃伯超能活到老、做到老的例子算鳳毛麟角，除了學養外，和他選擇冷門的基礎醫學也有關。

　　按規定，65 歲是退休年齡，但可續聘至 70 歲，15 年前醫學院的老師較少，申請續聘的機會高，他幽默地說：「還不必被逼下來。」退休後被聘為臺大醫學院兼任教授，教學時間少，一學期教 2、3 小時的課。

　　詢及如何規劃退休生活，他自認「沒什麼規劃」，因為退休後還有一些事情要做，感覺上是退而不休。像他 65 歲後，仍在當教育部醫學教育委員會常委（相當於主任委員），及教育部學術審議委員會醫科常委。70 歲後，請辭教育部工作，還有跨

全素食者的維他命 B_{12} 攝取嚴重不足，因此影響到造血功能，所以較容易罹患心臟病。維他命 B_{12} 的主要來源是動物性蛋白質，建議可以每天吃一顆雞蛋或一至二兩杯低脂牛奶來補充。

部會的保健食品計畫召集人、純青嬰幼兒研究基金會董事長等行政工作，幾乎每天都會到學校研究室。

黃伯超與妻子結髮超過60年，2011年還被選為幸福家庭楷模，他育有二子二女，子女都成家立業，每月至少與兒女聚會一次。他甚至還有Facebook帳號，用來與孫子溝通。

事業有成、身體健康長壽，加上家庭幸福美滿，黃伯超稱得上是現代版的十全老人。

（文／林淑蓉、蔡睿縈）

在學生眼中，黃伯超是溫文儒雅且力行「活到老、做到老、學到老！」的教授。退休後，不僅每年參加臺灣營養學會的年會，還樂於學習新事物，80歲開始學電腦，能用英文與友人通信，近年女兒還幫他申請了Facebook帳號，讓高齡86歲的他能與孫子們線上交流。

黃伯超的學習精神：
跟上時代，
把學生當電腦老師

　　年紀、學識、涵養足以稱為「大老」，但在學生眼中，黃伯超並不 LKK（思想古板）。中午時間，一票學生聚在他的研究室外面吃便當，師生間親切地互動、打招呼，早年的學生覺得黃伯超望之儼然，現在的學生卻覺得他親和力超強。黃伯超還會問學生有關電腦方面的問題。

　　幾年前，他為了親自操作電腦，還去資策會繳學費學電腦，5、6 堂課下來，只學一些皮毛，真正要用時，還得隨時找人諮詢，學生便成為他的電腦老師。

　　有趣的是，黃伯超受日本教育，沒學過注音，至今還不會打中文，反倒是英文難不倒他，因為在美國就已學會英文打字。

終身義工，愛的關懷永不止

孫越

把握時光，
讓生命更有意義

1930 年生，本名孫鉞，知名的演員，1989 年召開「只見公益，不見孫越」記者會，宣布退出商業演出，全心投入慈善活動，成為終身義工。

孫越的演藝生涯，獲得許多肯定。1969 年，曾獲得金馬獎最佳男配角；1983 年，他演藝事業達至顛峰，獲得金馬獎最佳男主角；2010 年，獲頒金馬獎特別貢獻獎。1981 年，他受洗成為基督徒，1983 年，參與宇宙光發起的「送炭到泰北」的活動，從此開始獻身於傳播福音及公益活動。1984 年 4 月 20 日，在六龜拍攝電影「老莫的第二個春天」時開始戒菸，並擔任董氏基金會菸害防制志工至今日。

他亦經常講演分享公益心得，教人尊重生命。建國一百年，國家肯定他對社會的卓越貢獻，總統特別頒贈景星勳章。

1969
以「揚子江風雲」的演出獲得金馬獎最佳男配角。

1980
摯友陶大偉帶孫越至教堂做禮拜，受洗成為基督徒。

1983
以「搭錯車」的演出獲得金馬獎最佳男主角，演藝事業達至顛峰。參與宇宙光發起的「送炭到泰北」的活動，從此開始獻身於傳播福音及公益活動。

1984
拍攝電影「老莫的第二個春天」時開始戒菸，並擔任董氏基金會菸害防制志工至今。

1989
召開「只見公益，不見孫越」記者會，宣布退出商業演出，全心投入慈善活動，成為終身義工。

2011
政府肯定孫越對社會的卓越貢獻，特別頒贈景星勳章。

孫越 精彩大事紀

1983 年初，是孫越加入公益活動的轉捩點。當時他還是個 38 年無法戒除菸癮的老菸槍，他向宇宙光報名參加送炭到泰北的活動，總幹事為難地向他說：「在泰北，接待我們的教會人士都不吸菸」，為了團體紀律，孫越雖有很重的菸癮，但為了參與這項有意義的活動，還是答應不吸菸的要求。可是，真正的考驗不僅於此，在臨行之前他生了一場病，醫生勸阻他，他硬是帶了一個半月的藥和 2 個導尿管去報到。

「一個多月後的某個夜裡，我在一個荒涼的地方，守候一個吊著點滴、正在跟死亡搏鬥的孩子，直到清晨，天還沒亮，醫生無奈地宣布孩子死了，當時真是百感交集。」

我回憶起 16 歲當青年軍的時候，曾經看到很多的死亡，在臺灣數十年的安逸生活，除了 823 砲戰時曾看到死亡之外，已經很久沒有看到生死一瞬間的場景。」從此孫越就決定要修改自己的人生方向。

1983 ～ 1989 年，孫越經歷過許多事情，對人生體驗更深刻，在家人的支持下，宣布結束 40 年演藝生涯，並召開「只見公益，不見孫越」的記者會，全心投入公益慈善活動，成為終身義工。

置身憂鬱低谷
不要羞於求助

2007 年初，孫越在戒菸 23 年後被證實罹患肺腺癌第一期，動完手術，很快又回到義工行列，熱忱不落人後。問及生病有無影響心情？他說：「一點也沒

義工的基本精神是取之於社會，用之於社會，並發自內心的意願！

孩提時像
春天的希望

青壯年像
夏季的
熱情奔放

孫越覺得：
人生就像四季，
可以各展其美，
每一個季節都有它
優美獨特之處

中年像
秋天的豐收

老年像
冬季裡的
暖陽

有。」孫越十分積極樂觀。

孫越直言，「不自尋煩惱，煩惱自然不來」的道理淺顯易懂，卻不易做。何況，年輕時面對難題和挑戰，失敗可重來；但老人的意志、理想再堅強，心裡卻明白，很難像年輕人一樣可重新來過。也因此老人常有許多憂心：擔心朋友老伴離開、擔憂跟不上時代變化、甚至一陣秋風吹過也會興起莫名愁悵。

2007 年有一天，孫越吃完早餐，想到教會兩位資深工作夥伴生

1984 年，孫越在高雄六龜拍片時，他驚覺二手菸會傷害他人，決定開始戒菸。他主動拜訪當時的董氏基金會創辦人嚴道，並擔任志工幫忙菸害防制工作推動，勸人戒菸，告訴國人「人人有權拒吸二手菸」，也成了臺灣反菸運動的濫觴。

病，強烈的擔心突然湧現，心想：這下正在推展的工作怎麼辦？一陣無法克制的情緒，讓他很悶也很不舒服，接下來他做了一個動作就是「上網搜尋醫院及醫生的資料，下午就去看精神科。」他認真地說：「我不是強者，但我願意面對問題，治療 2 天就好多了」。

之後，又有一次情緒低落，一時解不開，他同樣去檢查，遵照醫師指示治療，很快走出低潮。他從自身經驗體會到人若處於憂鬱，一定要向外求助，人到一定年紀，多少要透過藥物或其他治療，才較好維持健康。

他也坦言，老人較會「傷春悲秋」，甚至引發老年憂鬱症。畢竟人難免會想到「最後」，例如：如何離開人世？離開前怎麼過得愉快？種種雜念和情緒並非子女朋友能瞭解，若加上過度執著，很

1980 年，摯友陶大偉帶孫越到教堂做禮拜，孫越受到耶穌基督感召，決定受洗成為基督徒，並首度參加公益活動，即宇宙光發起的「送炭到泰北」、「送炭到蘭嶼」等活動。此後，他一直獻身於傳播福音及公益活動，不遺餘力。

難快樂。只有自己打開門，讓陽光照進來。面對陽光，將黑影甩在背後，困難將迎刃而解。

因為神的愛
豁達看生死

2007 年初，孫越參與董氏基金會舉辦的「抽菸導致慢性阻塞性

肺病」記者會，率先進行「簡易肺功能測試」，卻意外被醫生證實
右肺罹患肺腺癌，他完全接納。

　　面對人生的重大衝擊——罹癌，孫越說，生病前便已參透死生，
甚至到醫院還勸罹癌病友，「今天你躺在這，也許明天換我」。不
同於一般人觀念，孫越直言，「全世界每 7、8 分鐘就有 1 人罹癌，
為什麼不是我？」由於深信「信耶穌得永生」，他已無懼死生，平
日定期到癌症病房關懷病人，慢慢也體悟「即使生病罹癌，也是基
於神的愛！」

　　因為豁達的生死觀，在孫越家「論生道死」並非禁忌。早在 10
幾年前，不忍將來過世後老伴悲傷，他便承諾太太孫媽媽「讓她先

隨心所欲
享受精彩人生

孫越對「成功」的觀點

1 無論你定的目標是什麼,把它們安定在心中,不要放鬆,也不要懈怠;因為即使是這樣,還是不夠的。

2 你跟所有的成功者一樣,除了確立目標之外,還得努力工作,耐心等待,不畏困難,這樣才能邁向成功。

我
用
十
多
年
的
時
間
經
營
自
己
，
成
了
一
位
名
人
，
如
果
把
這
些
東
西
轉
去
幫
助
弱
勢
，
神
應
該
會
喜
悅
。
投
入
志
工
是
我
人
生
中
最
豐
富
、
最
美
好
的
日
子
。

走」。這份達觀不僅是對成人，即使他和 3 個孫子談死亡，也磊落以對。

把希望傳給谷底的人
感受透進來的光明

如今，孫越清楚自己能做與不能做的事，因而遵循宗教信仰，投身關注的公益活動，關懷身在谷底的人，幫他們看到上天的光，產生正向積極的信念。

孫越長期擔任義工，投身董氏基金會菸害防制與憂鬱症防治宣導活動；也參與宇宙光相關事務；關懷社會邊緣人，如受刑人家屬、愛滋病友、臨終病友；其餘時間則多和家人共聚一堂，每天固定游泳、和老友通訊、聊天。他語重心長的說，「心理疾病很容易被忽略，憂鬱症已是 21 世紀重大病症之一，一個人或少數人的力量有限，需藉助團

體的幫助，發揮力量，影響才會大。」

每年聖誕節，為了讓更多人感受團體互動的溫馨，孫越除了撥出時間和家人共度，也和陌生人共度這節慶。「辦公室有個團契，安排很多『聖誕午會』，利用午休時間，到公司企業去分享福音，有時，也會上街和陌生人共度聖誕。」

飲食要清淡一點
不要把自己繃得太緊

談到飲食，很多人面對美食都會吃過量而給身體帶來負擔，孫越即使外出吃選擇很多的自助餐，仍很節制。

通常他會先點一大盤水果，再吃一大盤各式青

2010 年 8 月，孫越參與董氏基金會「大雨終停，關懷與陪伴永不止」公益廣告的拍攝，向國人傳遞即使「八八風災」已屆滿一年，但心理重建工作仍持續著，關懷與陪伴也不會停止的信念。

我把每一天當作最後一天在過，每一天都在意我和家人的關係、我和社會的關係。

菜、兩條香魚及一個魚下巴，頂多來片薄牛肉加黑胡椒醬，最後再一碗米粉，份量夠且都是自己喜歡吃的。

至於平日，早上吃3種水果、一片全麥土司、一片起士、一碗麥片粥；中餐則是簡餐三明治，或夫妻倆常去吃五穀雜糧粥；晚上在家吃羅宋湯（孫越從小的最愛），再炒幾個小菜，像芹菜炒豆干、雪菜炒肉絲、番茄炒蛋，清爽無負擔。

對於行程安排，孫越有個原則，「要多給自己一點空間。」讓生活有點空檔，別把自己繃太緊或疲於奔命，以免忙得失去「寧靜」，心都亂了。像平日夜晚，他會騰出時間，待在家中上網、打電腦、和朋友聚會，偶爾夫妻相偕聽演唱會或看藝術電影。他表示，「曾有一次，電影院8個廳中，2周我們竟看了6廳。」

孫越在他演藝事業最高峰的時候，卻選擇告別 40 年的演藝生涯，全心投入公益，做一位全職的終身義工，一路走來，他心中沒有任何不捨，還有說不出的快樂。

好奇心引發學習動力
E 化速度媲美年輕人

　　在科技飛快進化的現代，學習新的電腦技術對於長者是一個挑戰。可是，很多人驚訝孫叔叔跟得上「E 化」，會發手機簡訊、打電腦、操作 PDA 等。他卻單純的認為，「學就會了，不難！」其

2011 年，孫越在第五屆兩岸四地菸害防制交流研討會上，與來自陸、港、澳等地的菸害防制工作者，分享他「吸菸、戒菸、拒菸」的生命故事，82 歲的他疾聲呼籲：「遠離 COPD、戒菸救健康！」

實他 60 歲就學過電腦，可是當時操作方式不友善。直到 70 歲，電腦更先進，他又重新再學，從此善用電腦。

「我學會 e-mail 寫信後，向美國的摯友提議一週寫一封信談『生死』，也用 e-mail 和孫子聊天、分享心情。」

此外，PDA 上市不久，他也跟上流行，用 PDA 安排行程，彷彿隨身攜帶行動祕書。「我不排斥學新東西，這要感謝父母給我強烈的好奇心，『好奇』產生『好學』動機，雖然過程不免挫折，但我個性『好強』，一定要學會新產品。」

自從孫越成為電腦族後，自然也成為孫媽媽的「電腦祕書」。他也觀察到另一半的有趣心態，「孫媽媽老唸我離不開電腦、智慧型手機，但有事又立刻要我『上網看看』，幫她找資料或分享有趣的事。」

花太多的時間去努力贏得別人的贊同，是生命的罪過；太關心別人對自己的非議，是自己褻瀆自己。

不要在意世人的眼光
凡事只求問心無愧

　　從過去的知名演員，在電影、電視演出生動的反派角色，而拿到第一座頒給反派角色的金馬獎，息影後成為「終身義工」，不論做什麼或做多少，孫越不在意世人眼光。

　　「關於我的一切就留給別人評價，但求問心無愧地說，『那美好的仗我已經打過！』」話說完，他轉頭指著辦公室牆上，署名「老兵孫越」的陶藝作品，笑指其捕獲的大魚，也許只剩魚骨，卻清晰的記錄「老兵孫越曾經努力過的美好戰役」。

（文／葉雅馨、張慧心、蔡睿縈）

孫越永遠是大人喜歡的孫叔叔，小孩最喜歡的孫爺爺，他的親和力十足，人在哪裡，歡樂就在哪裡。

孫越的生命教育：
每次見面都可當作
「生前告別式」。

孫越回憶在癌症開刀的前一天，他將內外孫叫到床前說：「隔天進開刀房可能有 3 種結果：順利解決問題、也可能一時無法解決或需要後續治療、或是呼吸停止天人永隔。不過，我跟你們每週末在教會聚會，想想也沒什麼遺憾。我印象很深，有次我們去坐摩天輪，你們搶著和我搭同一車廂，你們說如果將來我不在了，『第一次』跟爺爺（外公）一起坐摩天輪會是個紀念」。由此可見「死亡教育」在孫家很正常，大家也接受「人總有一天會離去」的事實。

在他的觀念裡，人與人相聚，每次見面都可當作是「生前告別式」。有一次，孫越到天津探望比自己大 5 歲的舅舅，行前告訴表弟，「就把這次當成生前告別式，不知自己是否還有機會再來。」他想藉此為舅舅心理建設，多珍惜相聚時光。「有次和老友李昆在朋友告別式相會，離開時還互說著要聚聚。後來去泰國，回臺後，李昆已永別，深刻體會人生無常，要惜緣。」

為老企業創新，營造生活美學

邱俊榮
保有目標鍛練自己，人就不老！

1931 年生，是臺灣知名企業和成集團第二任經營者。邱俊榮 23 歲當完兵後，隨即進入家族事業，開始推銷馬桶，他自詡是「和成第一個業務員」。他在臺北武昌街 38 號租下店面，成立第一家營業所。開店第一天賣出第一套馬桶 500 元，他難忘地形容比現在賣出一萬套還高興。

他出生那年正是父親邱和成創立和成的年代，和成從鶯歌創辦「和成製陶部」，由製作花盆開始，到便器製造，現在是全方位衛浴設備的研發製造公司，世界十大衛浴品牌之一。邱俊榮在和成前後一共服務了 47年，直到 70 歲那年榮退。

77 歲，他為幫罕見疾病兒童募款及圓自己單車環臺的夢想，自行訓練 3個月後，與 21 名朋友完成壯舉。現在他仍會陪著和成研發部門的專家，一起創新研發、動腦，並參與繪製 3D 動畫設計圖。

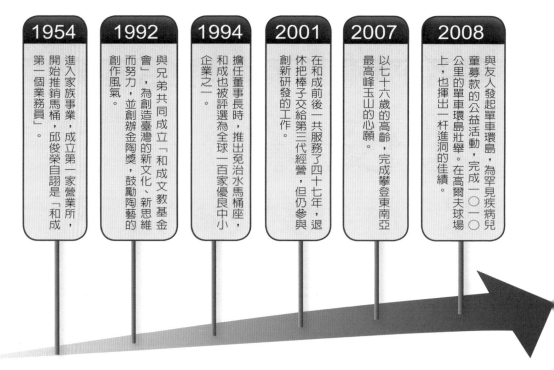

1954
進入家族事業，開始推銷馬桶，邱俊榮自詡是「和成第一個業務員」。

1992
與兄弟共同成立「和成文教基金會」，為創造臺灣的新文化、新思維而努力，並創辦金陶獎，鼓勵陶藝的創作風氣。

1994
擔任董事長時，推出免治水馬桶座，和成也被評選為全球一百家優良中小企業之一。

2001
在和成前後一共服務了四十七年，退休把棒子交給第三代經營，但仍參與創新研發的工作。

2007
以七十六歲的高齡，完成攀登東南亞最高峰玉山的心願。

2008
與友人發起單車環島，為罕見疾病兒童募款的公益活動，完成一○一○公里的單車環島壯舉。在高爾夫球場上，也揮出一桿進洞的佳績。

邱俊榮 精彩大事紀

　　和成是臺灣知名的老企業，從 80 多年前草創的一路崎嶇，到如今 HCG 成為世界十大衛浴品牌之一，也是東南亞最大衛浴品牌，且在國內占有率達七成以上，第二代的經營者邱俊榮可說是重要的功臣之一。

　　現今已超過 80 歲的邱俊榮，外表看來，讓人幾乎不敢相信他有如此歲數。11 年前已退居幕後的他，仍閒不下來，2008 年，與友人發起「為罕病兒童而騎」的募款公益活動，他經過 3 個月的苦

練，鍛鍊到一天能騎 120 公里，許多參與此項活動的扶輪社社友，都相當佩服他的毅力，全團扶輪社友甚至視他爲「精神領袖」。

邱俊榮說，「81 歲」在別人眼裡，可能認爲「很老了」、「上年紀了」，但他每天的生活，還是保有目標的在鍛鍊自己，讓自己的身體感到很輕盈。只要有目標，他就會訂下計畫，勤加鍛鍊，這份毅力，從他年輕時，在事業經營和學習新事物上就一直保持至今。

無人看好的事業
全家人合力打拚出成績

畢業自臺北商專（現升格改制爲臺北商業技術學院）的邱俊榮，一畢業就考到基隆港務局，負責管理碼頭倉庫。上班第一天，倉庫主任拿一本裝船單給他，上面全都是英文，邱俊榮深感「這

經營事業和經營健康如出一轍，就是要「訂定目標」，同時「毅力過人」！

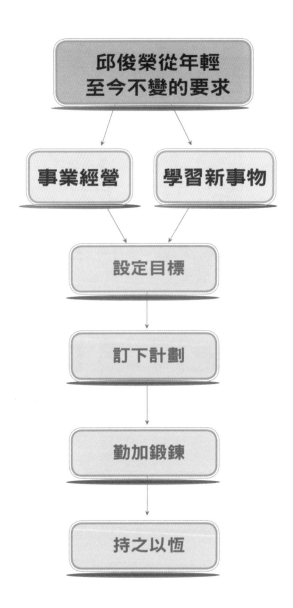

邱俊榮從年輕
至今不變的要求

事業經營　　學習新事物

設定目標

訂下計劃

勤加鍛鍊

持之以恆

行飯沒辦法吃」，痛定思痛，每晚坐火車回臺北補英文，兩年全美語的學習，硬是培養出英文的聽說能力。

23 歲當完兵，邱俊榮即進入家族事業，成為公司頭號業務員（兩位哥哥則在鶯歌老家幫爸爸燒窯），與和成「同壽」的邱俊榮，前後一共服務了 47 個年頭，才在 70 歲那年榮退，交棒給家族第三代。

「老實說，當年根本沒人看好這事業！」邱俊榮回憶，當年抽水馬桶很難賣，因為屬於高檔建材，自來水設備又不普遍，常跑斷了腿，吹了不知多少寒風，向經銷商拜託又拜託，好不容易才賣出一個。

「記得武昌街門市開張第一天，就賣出一組馬桶，那時高興的程度，比後來一天賣出一萬組都還高興呢！」

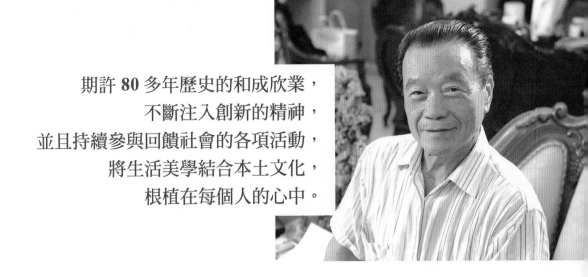

期許 **80** 多年歷史的和成欣業，
不斷注入創新的精神，
並且持續參與回饋社會的各項活動，
將生活美學結合本土文化，
根植在每個人的心中。

父親邱和成的啟發
練就邱俊榮過人的膽識

　　民國 70 年左右，臺灣建築業起飛，馬桶一下子供不應求，常有貨車等在工廠門口，馬桶剛從窯裡燒好，還熱呼呼的，就被抱走了！「當時根本不敢接電話，怕對方急著催貨，三字經、國罵便脫口而出！」邱俊榮回想這段往事，相當佩服先父邱和成的眼光。

　　邱俊榮也不忘父親對他的栽培，「爸爸平日很儉省，卻拿出 20 萬元，當時可買一輛 2000cc 轎車的錢，要我去自助旅行，後來，我花了 5 個月，走遍 20 多個國家，眼界整個開闊起來。」48 年前父親空前的創舉，練就邱俊榮過人膽識，讓他再辛苦也敢勇闖天涯。

　　父母熱心公益的慈善心腸，也遺傳給邱俊榮。「和成是本土企

2008 年，當時 77 歲的邱俊榮與友人為罕病兒童發起騎單車環臺的募款活動，經過 3 個月的苦練，最後靠著毅力，花費 11 天的時間，成功完成全程 1010 公里的環島壯舉。

業中，較早成立文教基金會和慈善基金會的企業，積極贊助發揚臺灣民謠，同時也送米、助學、濟貧，行善不落人後。」

危機就是轉機
自行開發無聲馬桶

不過，在創業過程中，也不全都是一帆風順。邱俊榮回憶，為了解決量產問題，父親決定建造一個可以大量生產的自動化隧道窯，為了省錢，只向日本買了一張設計圖就自行建造，但不知那個

環節出了問題，結果每燒必破，不但生產不出完整的馬桶，且破馬桶堆得像山一樣高，公司的財物也陷入空前危機。

經過不斷改良，終於摸索出門道，不再燒壞馬桶，從那時起，和成一飛沖天，占有率不斷提升，逐漸把其他對手遠遠甩開。

「我一生中，歷經過幾次『危機就是轉機』的事件！」邱俊榮記得，他擔任董事長時，因技術問題無法突破，和日本老牌衛浴公司 ToTo 進行長達 5 年的技術合作，每年都要付上千萬的合作費用，

喜歡打高爾夫球的邱俊榮，平均一週會打三次，一般人打球習慣會搭車前往下一洞，但他全程 8 公里都是用走的，目的就是想強迫自己多運動。邱俊榮認為，腳是人的「第二顆心臟」，腳一無力，人就會懶，所以一定要鍛練。

邱俊榮靠自己模索學習彈手風琴，他已熟練許多首日本及台語老歌，每每彈起手風琴，他便會陶醉在悠揚的琴聲中，紓解自己心中的壓力。

合作第四年時，和成想引進美國、日本已有販售的無聲馬桶，竟被日方認為「你們還早得很呢」拒絕。

不服輸的邱俊榮，為了爭一口氣，決定中止雙方的合作，把當年度應付給日方的兩千多萬元，自行成立設計部門，延聘大學畢業生研究開發，結果一年後，自行成功開發出新阿爾卑斯系列無聲馬桶，並以「爸爸回家捨不得吵醒孩子」的廣告，一下子被國人接受了，不但讓日本人大驚失色，如今，這組靜音馬桶年產 35 萬件，名列世界第一，成為邱俊榮引以為傲的成績。

邱俊榮相當重視核心技術的扎根工作。「如果只是從外面買技術回來，就像把買回來的花種在花盆裡一樣，受限於花盆無法茁壯；反之，如果能夠自己設立研發部門，才是真正把花種在大地上落地生根，」

一個人的價值，不在於擁有多少財富，而是應以回饋社會多少來作評定。

邱俊榮的經營思維

1 企業必須重視核心技術的扎根工作，不斷創新。

2 企業必須靠自己健全體質，想依賴外力或靠政府來解決問題是行不通的。

3 家族企業並非企業經營長久之道。

4 欲變為大眾公司，必須讓專才加入，才能永續經營。

不喜歡靠菸博感情
學手風琴全靠自己摸索

業務員出身的邱俊榮，個性十分豪爽，但不論剛開始騎腳踏車在臺北跑業務，或是後來騎摩托車全臺跑業務，都不喜歡靠抽菸博感情。

「20～23歲，曾短暫抽過一陣子菸，但因跑業務常敬來敬去，每天實在抽太多菸了，結果喉嚨發炎，就順勢戒了，從此與菸絕緣。」邱俊榮說，他有一位做生意的朋友，就是不聽他勸，結果肺

部如抽油煙機濾網般，卡了許多尼古丁焦油，生命最後的 5 年，只能靠著氧氣筒呼吸，生活品質變得很差。

拒菸成功，但喝酒難免，每到月底收帳，常中午過後就得喝到半夜；有時談生意，為了怕被認為「看不起人」，也要兩攤、三攤的奉陪到底，讓邱俊榮如今談起「酒」來，依然對當時做業務的習氣搖頭不已。

「當時心裡有壓力，我就自己彈彈手風琴，自娛娛人，紓解壓力。」會彈許多日本及臺語老歌的邱俊榮，笑說學琴全靠自己摸索，沒有拜師學藝，所以只會看簡譜。他邊說邊彈起手風琴，很快便陶醉於悠揚的琴聲中。

欽佩王永慶的精神
每天生活都要有目標

「經營之神」王永慶，是邱

自己研發技術是重要的，如果只是從外面買技術回來，就像把買回來的花種在花盆裡一樣，受限於花盆無法茁壯。

俊榮最景仰的人。「王董事長雖然身家千億，但不改少年時培養的勤儉精神，從年輕到老都十分儉省，很值得學習。」此外，邱俊榮也很欽佩王董事長追根究柢的精神。

有一次，王永慶邀請邱俊榮參加臺塑的午餐會報，向這位後輩請益如何把自己生產的鋁門窗打進建材市場，席間鉅細靡遺「問到底」的精神，讓邱俊榮印象深刻，回來之後也有樣學樣，到如今和成仍延續此一高級主管午餐會報。

被太太戲稱「十項全能」的邱俊榮，現在每天將全副精神投入在鍛鍊身體上。除了每天早上6點起床，在空氣清新的花園中，練一小時的氣功，還結合各家內功的精華，自己體會出「深呼吸提肛」、「眼球有氧運動」、「拍打全身促進血液循環」等多項簡單易行，而且毫不花錢的運動。

運動後流一身汗水，會讓人覺得心情很舒服，壓力也會跟著紓解。
我希望每個人，不管做什麼運動，每天都至少要做一項來幫助紓解壓力！

為了登上玉山，邱俊榮曾有長達 3 個月以上的時間，利用週末去爬七星山、大屯山、大霸山來訓練自己，終於他在 76 歲那年，完成攀登玉山的心願。

　　邱俊榮說，其實運動不難，難在要有毅力天天身體力行。「經營事業和經營健康如出一轍，就是要『訂定目標』，同時『毅力過人』！」邱俊榮認為，千里環島騎單車、爬東亞最高峰玉山、橫渡日月潭」是所有臺灣人應完成的三大挑戰目標，若非年紀已過 70，遭到日月潭管理處婉拒，他真想完成橫渡日月潭的壯舉。

邱俊榮每天會練習的
5大基本功

1. 呼吸提肛運動：

方法：深呼吸後閉氣提肛九下，接著吐氣，是為一次，並連續做
九次。邱俊榮說：「會有攝護腺肥大的情形，其實就是因為現代
人往往缺乏運動，所以積油導致小便不順，只要勤做運動，幫助
很大。」

健康的收穫：改善中老年男人的「老」毛病攝護腺問題，逐漸從
一夜起床兩三次如廁，到現在可以一覺到天亮。

2. **眼球功：**

　　方法：眼球看遠看近，不斷交替一百次；接著左看右看、左看右看，
也是一百次；最後再眼珠子打團，順時針轉一百次，逆時針也轉
一百次，讓眼球不僵化。

　　健康的收穫：81 歲眼睛視力正常，看報紙、看小字，完全不用戴
老花眼。

3. **烏髮功：**

　　方法：每天早晨以木梳子勤梳頭皮，讓頭皮的血液循環變好，營
養自然充分，既不白也不易掉。

　　搭配：每天吃黑芝麻泡麥片，還吃富含鈣質的蒸甘藷。

健康的收穫：一頭自然烏亮濃髮，至今未曾染過。

4. 拍打功

　　方法：要活化細胞，就是要讓細胞運動，內在靠呼吸，外在則靠拍打全身，幫助肌肉運動。拍到全身起紅，便可增加血液循環。

　　健康的收穫：神清氣爽，面色紅潤，腳步輕盈，聲若洪鐘。

5. 盤子功

　　方法：取一平底盤子，練習時，左手先將盤子從心臟位置緩緩舉高（此時要緩緩吸氣），再旋轉下轉從腰部迴旋至原位置（此時緩緩呼氣），連續做九次。換右手，同樣做九次。

　　注意：吸氣速度要慢，吐氣時要盡吐身體廢氣。

　　健康的收穫：身手靈活，爬玉山、單車環島，打高爾夫球走完八公里，臉不紅氣不喘。

（文／張慧心、楊育浩）

81 歲的邱俊榮，因注重養生與勤練氣功，筋骨相當柔軟，讓許多年輕人都自嘆不如。

邱俊榮的
氣功養生觀

邱俊榮認為，氧氣對人
體很重要，而且不要錢，是
上天賜給人們最好的禮物，
人與其吃什麼補品，不如好
好呼吸。

而「氣功」說穿了，就
是練習呼吸。因為一般人吸
入身體的氧氣，其實大概只
用了 25%，其餘又吐了出
來，如果能夠深呼吸，讓身
體充分吸入氧氣，五臟六腑
就百分之百可以運用血液中
的氧，而且加速各個器官
的循環，加速細胞的新陳代
謝，增加免疫力，整個人神
清氣爽。

自在生活，彩繪有情天地

薇薇夫人
發揮潛力，
不斷成長的女人最美麗

1932 年生，本名樂茞軍，是臺灣最有影響力的女性作家之一。曾經擔任《國語日報》社長、《世界日報》家庭版主編。主持的華視婦女節目「今天」，是臺灣第一個播出時間最長、專門為家庭主婦製作的節目，曾榮獲 1982 年、1985 年、1988 年金鐘獎社會建設服務獎。

薇薇夫人的作品擅長說女人的故事，描寫女人的愛恨情節與煩惱，對於情感、家庭等問題也有獨到見解，她曾同時跨足報紙、電視、廣播等媒體，其中在聯合報「薇薇夫人專欄」，執筆長達 26 年，成為許多婦女的心靈導師。

65 歲卸任國語日報董事長後，她的退休生活更為多元精彩，玩攝影、習繪畫，並開畫展、出版書籍。她曾出版《美麗新生活——樂在退休》、《一個女人的成長》、《生活裡的詩情畫意》等好書，並主編過多套幼教叢書。

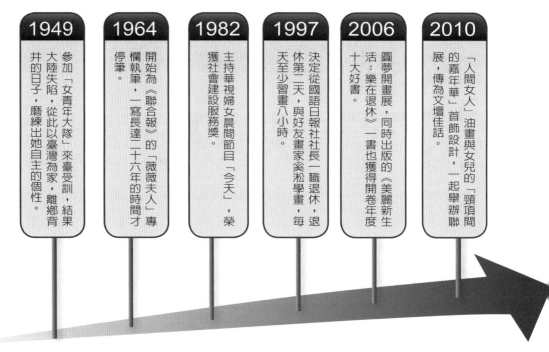

1949

參加「女青年大隊」來臺受訓，結果大陸失陷，從此以臺灣為家，離鄉背井的日子，磨練出她自主的個性。

1964

開始為《聯合報》的「薇薇夫人」專欄執筆，一寫長達二十六年的時間才停筆。

1982

主持華視婦女晨間節目「今天」，榮獲社會建設服務獎。

1997

決定從國語日報社社長一職退休，退休第二天，與好友畫家奚淞學畫，每天至少習畫八小時。

2006

圓夢開畫展，同時出版的《美麗新生活：樂在退休》一書也獲得開卷年度十大好書。

2010

「人間女人」油畫與女兒的「頸項間的嘉年華」首飾設計，一起舉辦聯展，傳為文壇佳話。

薇薇夫人 精彩大事紀

一雙明亮清澈的大眼睛，皮膚皙亮少有皺紋，而且唇紅齒白，讓人驚奇的難以相信薇薇夫人的真實年齡。她的風采依舊，樂觀、漂亮而優雅的談吐，總能聚焦眾人的目光。

薇薇夫人從以前到現在，總是從生活出發，提醒女性如何處理家庭、親子、兩性等惱人課題，40歲以上的女性永遠記得她，不只是年輕時她曾在華視主持晨間節目「今天」，陪伴許多主婦度過美好時光，更因她在《聯合報》「薇薇夫人」專欄，以樂觀積極的筆

調看待人生，成爲許多女性的心靈導師。

65 歲從《國語日報》退休後的第二天，她就向知名畫家奚淞學畫，她說，「畫畫是年輕時的夢想，不像寫作，只要一張桌子、一枝筆，任何地方都能動筆；畫畫奢侈多了，要有很大的空間、最好的光線、一段完整的時間。很佩服一些女畫家，她們在家庭責任之餘，還能堅持夢想。」

不太健康的東西少吃
對身體有益的多吃

不少女性都會向薇薇夫人打探保養祕方，結果她的答案竟是「完全不特別注重養生之道。」她笑言，「我的朋友都知道，我最愛吃豆腐、花生米、肉皮、豬腳……」。不管以前或現在，富含膠質的肉皮、豬腳一直是她喜愛的食物。

只要擁有一顆年輕的心，
人就不容易變老。
這其中的祕訣就是維持學習熱忱，
對所有事物保持好奇心。

女性走入家庭後，
要懂得三足鼎立的平衡

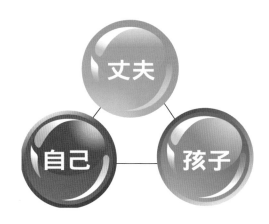

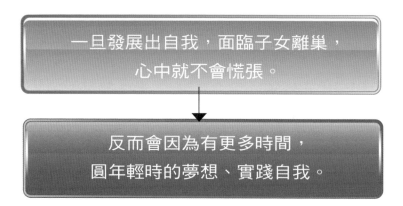

一旦發展出自我，面臨子女離巢，
心中就不會慌張。

反而會因為有更多時間，
圓年輕時的夢想、實踐自我。

「我到現在還不太像老年人，晚上都 12 點睡覺，早上 7、8 點起床，天冷的時候還可能睡到 10 點多，不是老人常見的 8 點睡覺、4 點起來。每天在家做半小時體操，不用花錢跑健身房，刮風下雨

也不怕，這就夠了。」

現在營養保健的資訊豐富，但她只是簡單的想著，「不太健康的東西少吃，對身體有益的多吃。否則，計算每個食物的熱量與卡路里，太麻煩了！」其他生活上的改變，頂多是改吃糙米飯；每天踮腳尖、高舉雙手走一小時的路。

少吃不太健康的東西，說來容易，卻難以貫徹，薇薇夫人透露一個「向零嘴說不」的小撇步。

有段時間，愛吃花生米的她買一大包放在家，每天吃一小杯，「後來發現這樣不行，就不買了。」因為一旦家中有零食，會不斷被吃的慾望引誘，這經驗促使她「盡量不在家放零食。」

現在許多父母買一堆飲料放在家裡，孩子不設防地喝下過多含糖飲料，變成小胖子，

退休只是離開職業舞臺，並非退出人生舞臺；退休是迎接下半場人生的美好開始，是重新規畫生活腳步的開端，不只滿懷遠景，也充滿樂趣。

薇薇夫人在自己 65 歲退休後的第二天,就向畫家奚淞學畫,一圓年輕時的夢想。她認為「退
休只是換了另一個舞台和舞步,在璀璨的黃昏時光翩然飛舞」,現在的她充分享受繪畫、讀書、
旅行、看畫展、觀賞表演和老友聚會的美好時光。

薇薇夫人的青春保養祕訣	
1	每日早晚，由下往上拍打雙頰各 50 次。
2	每日早晚活絡筋骨。先將雙臂伸直緊靠雙身，合住雙掌於頭頂上方；接著全身挺直，膝蓋打直，踮腳尖，來回走 15 分鐘。

薇薇夫人對此也感到憂心，「我很訝異現在小孩不喝水，他們覺得水沒味道。」

頭髮洗、剪、染自己來
裝扮反璞歸真不減風采

　　畫畫成了薇薇夫人退休生活的重心，也因此過得忙碌，不過，愛看電影的她，不忘找出空檔享受樂趣，常和朋友相約看早場電影，「因為比較便宜。」靠著退休金過生活，她體認到必須節流，「現在才發現，以前我多麼浪費。」

　　年輕時，她迷信名牌化妝品、保養品效果比較好，但現在買開架式保養品，發現效用差不多。她的保養心得是，每天清潔最重要。

甚至發現退休後皮膚變好，「以前工作壓力大，有業績、人事、財務等問題要煩心，現在沒有，皮膚自然變好。」

除了化妝、保養，衣服也是女人最大的花費，她坦言，「現在多數時間都在作畫，顏料會弄髒衣服，所以衣服不必講究。也整理過去的舊衣服，保留質料很好、不退流行，能應付外出場合的衣服。」

不買衣服省了不少錢，還有一項讓她更得意，「我現在的頭髮，洗、剪、染都自己來。尤其現在流行頭髮亂亂的，不用剪得太整齊，我只用一面大鏡子、一面小鏡子，一前一後地擺著，連後面頭髮也剪得到。」如數家珍地細數退休後的節流之道，光是裝扮上的反璞

「薇薇夫人」的由來

「從小，我的個性比較像男生，是會跟男孩子打架、皮得很的女孩。讀小學時，女生不太喜歡跟我坐一起，她們都以為我是男生。」薇薇夫人笑說自己絕不像「夫人型」的人。

薇薇夫人是編輯取的。「剛開始我認定這只是專欄名稱，跟我沒有關係，我只負責每天交一篇稿子給編輯，其他我都不管。可是偏偏我的姓跟名（樂茝軍），大家看到第一個就想，這「樂」到底要念ㄩㄝˋ？還是ㄌㄜˋ？還是ㄧㄠˋ？然後第二個字，從小學就被老師誤會。後來參與一些座談，主持人因為不曉得我的名字怎麼唸，就叫我薇薇夫人，從此，大家漸漸就把薇薇夫人叫成我了。」

薇薇夫人在創作畫作時,經常會以蝴蝶與蝴蝶蘭為表現主題,她覺得這兩個主題,代表著臺灣之美的象徵,她藉由畫作來傳達她對這片土地的熱愛。

銀髮族的三美原則

健康　自主　整潔

歸真，就省了不少錢，重點是，
她的風采一點也沒減少。

出國訪問練大膽子
獨自旅行也不怕

生活儉樸的她偶爾也感
嘆，年輕時沒多存一點積蓄，
總認為錢再賺就有。若當時懂
得理財，現在能去更多地方旅
行。很少人知道，她「敢」自

人不死，就要活著，
時間這帖藥終會讓每一個傷口癒合。

己一個人去旅行。

　　這起源於她30多歲時接受美國國務院邀請，到美國訪問一個月。那時，搭飛機出國不像今天是家常便飯，是件了不得的大事，「專欄作家何凡告訴我，既然去美國，就趁機從美國去歐洲走走，就算借錢也要去。在結束美國行程後，馬上就買機票飛到倫敦。」

　　那次經驗練大她的膽子，也愛上旅行，「有次和女兒到香港玩，連信用卡都刷爆了。」她笑著說，「我喜歡旅行，可以看到不同的國家、不同的風情、不同的人。」

童年聽父親聊宇宙銀河
培養開闊胸襟面對低潮

　　薇薇夫人曾經歷中年喪子（編按：薇薇夫人的次子周凱，從事劇場技術工作，1987年不幸從調燈鋼架上摔落身亡。）、晚

從職場退休是正常現象，但從生活和生命中退縮卻是不正常的！

薇薇夫人喜歡到各地自助旅行，她在 65 歲退休那年，還曾經一個人獨自跑去希臘，旅行了一個月。

年喪偶，人生際遇遭逢巨變，但她一直用樂觀、積極的態度面對，不斷的創作，維持傑出的表現。

薇薇夫人認為這一切要感謝她的父親。她形容父親是「不得志的藝術家」，畢業於杭州藝專，在戰亂年代為了家計當公務員，無法實現畫家的理想。

「還記得父親回家，總和我們談論宇宙、太陽黑子之類的故事。」童年聽著父親的描述，沉浸在浩瀚無邊的銀河，瞭解宇宙之大及人類渺小，無形中培養開闊的胸襟與視野，更讓她過去處在喪子之痛的谷底時，體認那是生命的自然現象，而一步步振作。

從少女時意外來臺，到結婚生 3 個孩子，又從家庭主婦蛻變成職業婦女的楷模，即使老年退休，她仍開啓了別有風情的另一種旅程，

問薇薇夫人：人生最辛苦與最快樂的是哪個階段？她想了想

薇薇夫人說：「小時候，父親常帶我和妹妹到大自然裡去散步，一邊散步，一邊講一些宇宙、太陽黑子之類的故事，瞭解宇宙之大及人類渺小，無形中胸襟與視野也開闊了。」

誰的人生沒有經過波折呢？
最重要的是，
你活著的時候，有沒有好好地過？

說，「少女時談戀愛當然美好，有了孩子雖比較辛苦，但很快樂……每個階段我都覺得很好。」講完，又偏頭思索一會兒，眼裡閃著慧點說，「退休之後更好，煩惱變少了。」

（文／吳燕玲、蔡睿縈）

已 80 歲的薇薇夫人，不斷的接觸新事物，藉由定期逛書店、看表演和老友聚會，保持和社會的互動，也豐富了自己的心靈。

隨心所欲
享受精彩人生

薇薇夫人談女人

「女人會敬佩、會羨慕、會喜愛別的女人，當然也會妒嫉、批評別的女人，就因為女人的情緒多樣性，所以女人的世界多姿多采。」薇薇夫人一直希望用畫筆畫布來表達自己所見所知的女人，在她心中常常浮現的是「追求愛情而犧牲了尾鰭的美人魚」。

「有些女人真的很像美人魚，愛情是生命中的唯一；但尾鰭是掌握方向的，一旦失去，生命自然沒了方向。」她認為，女人其實是有無限可能的，只要有了方向，把自己的潛力發揮出來，就能圓滿的在人生的大海中遨遊。

以廣告推公益，擁抱樂活人生

賴東明
助人成長，
是一種幸福！

1934 年生，畢業於臺灣大學政治系，是資深的廣告人，素有「廣告教父」
的美譽。

曾經擔任聯廣廣告公司董事長、中華民國國際行銷傳播經理人協會創會
會長等，廣告事業外，亦曾任教於政治大學、文化大學、實踐大學，並
提供獎學金，鼓勵學生。

1996 年，獲得「國際行銷及銷售主管協會十大傑出人獎」肯定，2005
年榮獲政府頒發的「廣告終身成就獎」，成就卓越。

2004 年 6 月 5 日在 70 歲時宣布退休後，全力投身社會公益工作，曾任
臺北北區扶輪社 29 屆社長、董氏基金會董事長、好鄰居文教基金會董
事長、臺灣公益廣告協會理事長等，現任五美文教基金會董事長、臺灣
活動發展協會會長。

退休後轉戰公益的賴東明，始終相信「人的幸福感，來自愛的延伸」，
他用樂活的態度體驗人生，並積極的為公益奔走四方。

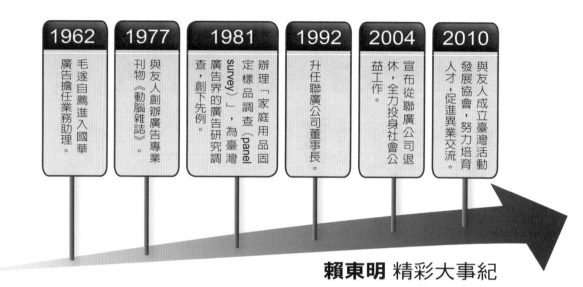

賴東明 精彩大事紀

1962	1977	1981	1992	2004	2010
毛遂自薦進入國華廣告擔任業務助理。	與友人創辦廣告專業刊物《動腦雜誌》。	辦理「家庭用品固定樣品調查（panel survey）」，為臺灣廣告界的廣告研究調查，創下先例。	升任聯廣公司董事長。	宣布從聯廣公司退休，全力投身社會公益工作。	與友人成立臺灣活動發展協會，努力培育人才，促進異業交流。

　　賴東明總給人從容不迫、敦厚慈祥的感覺，年紀雖大卻很「有型」，問及保養祕訣，他認真地說，所謂「老」不是年齡加多，而是心已衰竭，即使年逾 80、90 歲的人，只要願意發揮慈光，把寶貴的經驗貢獻世人，依然可以令人覺得青春與其同在。

　　「退休前，我思考如何讓自己的能力、修養、學問成長；退休後，我想助人成長，只要能做，就多做一點！」因此，雖名為「退休」，他和財經界、企業界仍維持密切的關係，繼續善用多重身分與資源，在公益事業上付出。他積極關懷的族群包括：社區、青少年、兒童；關心的面向更涵蓋：語文、心理衛生、健康生活、道德，更鼓勵年輕人當義工，從小學習如何助人。

　　「助人成長是種幸福！」是賴東明的信念。他解釋，從「人」這個字型可以看出，人之所以存在，是因為他人的支持，如果凡事只想自己，就算成就再大，依然不會快樂。也因為人與人建構於「互

撐」關係，無論何時「心中都要有他人」。

賴東明坦言，70 歲是人生一個重要的轉變期，它是一個階段的結束，也是另一個階段的開始。當時他覺得聯廣的業務與財務也安頓得差不多，所以決定從廣告界淡出，把累積一生的經驗和智慧，投入長久以來參與甚深的公益事業。

退休並非完全退出社會
而是盡可能助人成長

畢業於臺大政治系，一生卻從事廣告行銷的賴東明認為，廣告和政治殊途同歸——兩者都在提升民眾的生活，所以對於推動好理念總不遺餘力，甚至主動提供策略和方向。

過去在廣告界服務 40 多年，賴東明一直是聯廣公司最早到的人，公司大門經常是他開的，不論是當廣告新兵時，加班趕案子熬夜

人之所以存在，是因為他人的支持，如果凡事只想自己，就算成就再大，依然不會快樂。

```
┌─────────────────────────────────┐
│           賴東明                 │
│      對退休前後的想法             │
└─────────────────────────────────┘
        │                 │
┌───────────────┐  ┌───────────────┐
│    退休前      │  │    退休後      │
│ 努力讓自己的能力、│  │  助人成長，    │
│ 修養、學問成長  │  │  投入公益事業  │
└───────────────┘  └───────────────┘
```

到 1、2 點；或是擔任總經理及董事長時，即使晚上常有應酬，他始終維持清晨 6 點起床，早上 8 點前就進公司的好習慣。

在 70 歲時，賴東明宣布從聯廣公司退休，他認為，「人若久占一個位置，會延阻後輩藉此職位來磨練能力的機會」。相對而言，「退休」也並非完全退出社會，而是「有多少能力做多少事」，盡可能助人成長，成為別人的貴人。」因此，他常藉由不同形式，將一些資深公民組合起來，發揮力量，讓社會活力不斷。

行有餘力
就要心存感激回饋社會

重視教育的賴東明，過去 30 多年來，也曾陸續在實踐大學、政治大學、文化大學任教，那時不論工作再忙，賴東明授課，一定準時前往；他不但教專業、教技巧，更要求學生注意禮節，重視一言一行，培養他們勇於承擔的責任，讓學生對他是又敬又愛。

早在董氏基金會草創時期，當時董氏基金會創辦人嚴道想要推行戒菸運動，需傳播大量訊息，便經常請教從事廣告業的賴東明，請其協助創作訊息、刊播資訊，兩人因而從分屬不同的扶輪社友，成為並肩作戰的公益之友。2002 年嚴道辭世後，他接任董事長，繼續推動好友未完的使命。

70歲是人生一個重要的轉變期，它像是一個階段的結束，卻也是另一個階段的開始。

時時謹記阿公：「拿人一斤，就要還人四兩」的賴東明，曾在自立晚報「晚安台灣」專欄中提出「喜捨、感恩、奉獻、祝福」的人生觀。

「一個人不論自己有多少成就，都來自父母、朋友和社會的影響，所以行有餘力，就要心存感激，盡量回饋。」他甚至認為，人生到了某個階段，應該忘掉「自己」，甚至沒有「自己」，認為個人屬社會的一分子，應多在公益之路上堅持該走的方向、該做的事。

讓人擊節稱賞的是，即便工作已應接不暇，賴東明仍樂此不疲地善用所學所長，結合一批批志同道合的朋友，在不同的領域傳達有益於世的理念，而且所推動的各項活動都充滿創意和善意。例如，他與理念相同的好友，統一超商總經理徐重仁一同籌組「好鄰居文教基金會」。他說，董氏基金會告訴大家「公共衛生」的重要，好鄰居文教基金會則讓大家了解到「清潔地球」的必要，兩者都很要緊。

為資源與需要者間
搭建一座溝通的橋樑

感恩

喜捨

賴東明
的
人生觀

奉獻

祝福

　　生於臺中的賴東明，也曾直接
或間接促成、推動過相當多的公益團
體。像是他和四位兄弟為紀念父親及
開臺祖「五美公」而設立的五美文教
基金會，每年針對國民小學學生，舉
辦徵文、徵稿活動，鼓勵小學生寫文
章表達內心想說的話。

　　「每年我都要出一些題目，考考
小朋友能否在 100 個字之內寫出一篇
文章來。當然，入選者均有獎品及獎
金。」賴東明說，有次他出了一個題
目「阿孫給阿公阿媽的短信」，結果

2002 年 10 月 8 日，賴東明南下高雄，為董氏基金會的南部辦公室成立揭幕。

入選的作品寫得極富情感，細細品味，反覆閱讀，讓人樂在其中。

「有個阿孫呀，竟然在文章中勸阿公阿媽不要吵架！真有趣，也真懂事呢！」賴東明讀著這些童言童語寫成的小短文，篇篇洋溢著濃濃親情，心中好溫暖。不僅如此，他也在臺北北區扶輪社，相對舉辦「阿公阿媽寫給愛孫的一封短信」，得獎作品陸續刊登在報章雜誌上，獲得相當多回響。

「只要想做事，真的有很多事可以做！」賴東明把握各種機會，除了奉獻自己，更於資源與需要者間搭建一座溝通之橋。像北區扶輪社內有個「親恩基金」，就是賴東明串聯扶輪社友，合力捐出 2000 萬元，以獎勵貧寒青少年學子。

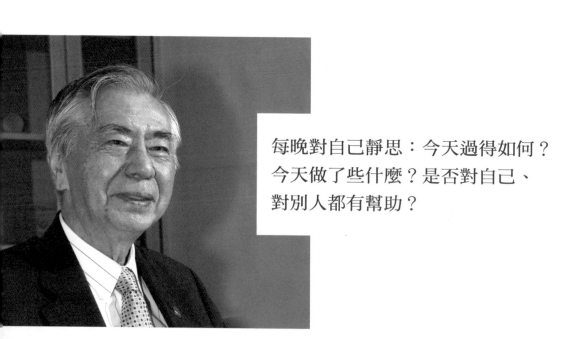

每晚對自己靜思：今天過得如何？
今天做了些什麼？是否對自己、
對別人都有幫助？

賴東明認為,廣告是推動善良風氣的有力推手。2003年與理念相同的好友統一超商總經理徐重仁共同發起「臺灣公益廣告協會」。協會不時也與日本公益廣告協會進行交流。

有容乃大
不要與人計較太多

　　對於「健康」,賴東明認為,「健康」就是早上起床覺得:「哇!今天真是一個好日子。」他坦承,過去工作經常超量,身心承受莫大壓力,有時回到家,覺得又累又煩,所以每天睡前,他會用一張紙,把當天沒做完、覺得煩心、不高興的事一一寫下來,同時思考這天內做了哪些事,不論對人對事是否「付出多,遺憾少,心安理得」。

　　他分析,「記下來、想一想,是為了檢驗每天的行事做人,等於做一個『清倉和放下』的動作,如此,才能一覺到天亮。」

　　「一般說來,在人際方面,我很少和人不愉快,但工作不順遂的情況,則所在多有。」大肚能容的賴東明覺得,人際間的相處,何妨多讓人幾分,「可能是我不如他,所以我常告訴自己:不要跟人計較。」

　　更由於每晚就寢前,他都會靜思:「今天過得如何?今天做了

些什麼？是否對自己、對別人都有幫助？」所以第二天清晨 5、6 點醒來，就覺得昨晚睡得很甜。不管天氣晴雨，賴東明會立刻套上衣服、運動鞋，出門散步。

重視與太太相處時間
彼此分享自己的興趣

回顧過去，窮盡心力投注於廣告事業的賴東明，其實也很懂得經營生活。每天早上他會散步 50 ～ 60 分鐘，汗水濕身便回家洗澡，再看半小時的書報，正因之前擔任聯廣公司董事長總是早出晚歸，回到家平均 10 點左右，他為了和夫人有更多的時間相處，於是每

天會與太太共進早餐，和太
太閒話家常，聽聽她想講的
話。他說道：「78 年來，
我不改『草地人』的飲食習
慣，天天都要吃早『飯』、
配醬菜，所以太太只好辛苦
點啦！」語中流露對妻子的
疼惜與深情。

　　賴東明和夫人鶼鰈情
深，曾公開表示：「真正說
來，賴東明應該是屬蔡雪梅

賴東明保持動力的紓壓方式

1 每晚睡前拿一張紙，一條條列下當天的不愉快和煩惱。

2 一寫完後，隨即丟掉，上床睡覺不要再想。

3 保持每天早起的好習慣，6 點就起床。

4 利用清晨無人打擾的時間，散步 50 ～ 60 分鐘，思考繞不出結果的問題。

2004 年賴東明參與憂鬱症篩檢日活動。賴東明當時擔任董氏基金會董事長，活動中與民眾畫圖紓壓互動，在特別設計的「大聲公比賽」中，期望民眾藉此喊出希望，趕走鬱卒。

的。」因賴夫人把他借給聯廣公司、借給廣告界與廣告教育界、借給行銷界與傳播界、借給公共關係界與出版界、借給社會公益團體與社團、借給社會國家，所以直到退休後，天天回家吃晚飯後，賴東明才終於真正「屬於」太太。

在平常日子裡，吃完晚餐，夫婦倆會各據一方，守著愛看的電視節目，如賴東明喜歡 NHK 的知識性頻道，太太則喜愛戲劇性節目，看完後再互相分享。興致一來，兩人雙手一挽，在華納威秀、西門町摩肩接踵的年輕族群裡，經常可看到這一對兩鬢泛著銀絲的老夫婦，攜手同去欣賞電影的背影。

家庭關係愈緊密
愈有力量抗風雨

從小生於大家庭，見過許多家族興衰起落，賴東明發現，只要親子、手足關係親密，就算跌倒，也能很快站起來。他的兩個男孫都在美國，久久才見面，有時很難找到共通話題，但他不曾放棄。

有一次，他將得之不易的 2 個王建民身著洋基隊服的公仔，興沖沖分別寄給住紐約、波士頓的 2 個孫子。住在紐約的孫子興奮地致電謝謝阿

人的幸福感來自家人，和家人甜蜜相處，才會珍惜彼此的付出。

2004年賴東明擔任好鄰居基金會董事長時,與臺北市政府及環保署一起發起「Clean Up The World」清掃活動,亦協助小朋友完成夢想,特別選在 SARS 發生的和平醫院附近一處的萬華甘蔗公園,為孩子增建鞦韆設備,讓小朋友享受鞦韆樂。

賴東明去除貪念的消費原則

1 壓制物欲,拒絕誘惑,夠用就好。

2 自我提醒還有很多人生活困苦,應時時關懷弱勢族群。

3 購物前先考慮將物品價格的 1/10 捐做公益。

公,對公仔視若珍寶;可是,住在波士頓的孫子卻打電話「提醒」阿公,他支持的是波士頓紅襪隊,讓賴東明啼笑皆非,也增添不少家庭話題,使得分散各地的家人更緊密。

「和家人甜蜜相處,才會珍惜彼此的付出。」不少年輕人進

入婚姻，遇到問題就互相責怪，輕言離婚。然而，婚姻是人類最基本的「互撐」團體，不能輕言放棄，夫妻要多一些反省、少一些指責，才能度過婚姻低潮。他笑言，「只要彼此尊重，夫妻有不同興趣，反而讓生活充滿樂趣。」他的夫人蔡雪梅喜歡打羽球，可是他多待在家中看書，儘管未陪同，當太太打完球回來與他分享趣事，他都仔細聆聽，增添不少話題。

從小激發孫兒柔軟心
提醒時時關懷弱勢族群

　　過去人類追求經濟成長，製造許多汙染使地球暖化，最終自己受害。如今社會大力提倡「節能減碳」，賴東明認為最佳之道是「去除貪念」和「學佛教徒儉約過活」。他解釋，現代人在媒體不斷鼓吹如何吃、穿下，忘了「要的不多，就容易滿足；欲望不深，日子就容易

2007、2011年賴東明參加「樂動小將、樂動少年養成計劃」活動，鼓勵青年學子從小養成運動紓壓的好習慣。

過」，所以現代人必修智慧是：「拒絕誘惑，夠用就好」。

　　賴東明有個消費原則，購物前先考慮將物品價格的 1/10 捐做公益，除了壓制物欲，也自我提醒還有很多人生活困苦，應時時關懷弱勢族群。為了激發孫兒的柔軟心，他到美國探望兒孫，也會帶他們去孤兒院，還要他們捐出零用錢助人。希望孫子透過這過程知足惜福，去除貪念。

　　另外，現代社會強力行銷「個人包裝」的產品，「家庭包裝」的產品愈來愈少，他擔心現代人忽視親人的重要，可能為社會埋下難解問題。「人與人的疏離，是來自從小不重視家人的相處，日後這性格帶到社會，就會『重工作，輕家庭』，連帶也輕視『他人』的價值。」他相信，人的幸福感來自家人「愛的延伸」。孩子在家中感受被父母、親人疼愛，那種美好經驗會帶到社會。

（文／張慧心、楊育浩）

2011 年，賴東明與太太（左二）一同參與友人的新書發表記者會。

賴東明應酬的
「一半主義」哲學

「在聯廣當總經理時，幾乎天天都有應酬，身材不知不覺膨脹起來，每年都要買新的衣服和褲子，1980 年左右，太太向我抗議：『我們家沒有那麼多的預算和空間，請努力保持身材。』我只得開始努力減肥，體重原本 76 公斤，四個月之內減了 6 公斤，而且至今維持不變。」

賴東明採用的方法，就是「一半主義」，凡吃進肚裡的東西一律減半，飯量減半、菜量減半、甜點也減半，再加上每天早上花 50 分鐘散步，體重自然減輕。

「25 年前的褲子，至今都能穿，真的節省不少錢。」隨著年紀漸長，賴東明的飲食習慣愈來愈清淡，肥的東西幾乎不吃，太甜的也不碰，保持身心輕盈自在，才能為社會做更多的事。

人文的實踐，流露藝術家的驚艷

謝孟雄

用心捕捉人生風景，每一停格都動人

1934 年生，前副總統謝東閔的長子，美國賓夕法尼亞大學醫學博士，知名的婦產科醫師，妻子林澄枝亦為臺灣政壇的知名人物。曾經擔任實踐大學校長、臺北醫學大學校長、第二屆監察委員等。

謝孟雄雖有顯赫的政治家世，但他並不熱情於政治。他的興趣廣泛，喜歡攝影、建築、研究史地。藝術涵養深厚，常到世界各地實地考察，對醫學、科技、人文、藝術與教育各方面，都有深刻的研究與獨到的見解，其中攝影技藝純青，已故知名攝影家郎靜山曾讚譽他「神乎其技」。他的攝影作品曾多次獲邀到國父紀念館的中山國家畫廊展出。現在亦為中華藝術攝影家學會榮譽會員。

目前謝孟雄身兼多個單位的領導人，包括實踐大學董事長、董氏基金會董事長、中華民國社區發展協會理事長等，但最愛的還是待在學校的生活環境，喜歡講歐洲文明史，與學生在一起。

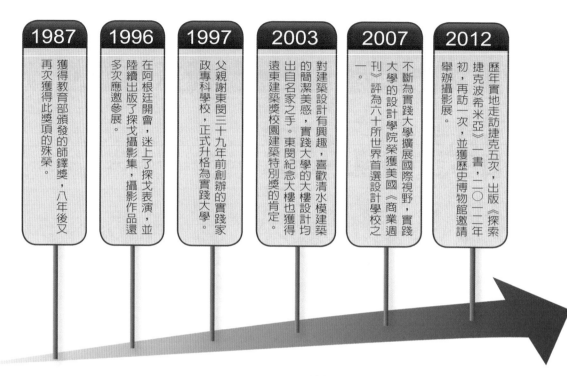

1987
獲得教育部頒發的師鐸獎，八年後又再次獲得此獎項的殊榮。

1996
在阿根廷開會，迷上了探戈表演，並陸續出版了探戈攝影集，攝影作品還多次應邀參展。

1997
父親謝東閔三十九年前創辦的實踐家政專科學校，正式升格為實踐大學。

2003
對建築設計有興趣，喜歡清水模建築的簡潔美感，實踐大學的大樓設計均出自名家之手。東閔紀念大樓也獲得遠東建築獎校園建築特別獎的肯定。

2007
不斷為實踐大學擴展國際視野，實踐大學的設計學院榮獲美國《商業週刊》評為六十所世界首選設計學校之一。

2012
歷年實地走訪捷克五次，出版《探索捷克波希米亞》一書，二○一二年初，再訪一次，並獲歷史博物館邀請舉辦攝影展。

謝孟雄 精彩大事紀

　　現任實踐大學、董氏基金會董事長的謝孟雄，身兼多重身分，學醫的他曾是婦產科名醫，後來從事教職、擔任臺北醫學大學校長、實踐大學校長、第二屆監委等，前後超過 50 多個頭銜，但他最喜歡的角色，還是「醫生」和「老師」兩職，尤其喜歡學校的生活環境。平易近人的他，喜歡和學生打成一片，他希望用輕鬆生動的講課方式，帶領學生進入文化的堂奧。

　　謝孟雄有著顯赫的政治家世，父親是前副總統謝東閔，妻子是國民黨前副主席林澄枝，但他不熱情於政治，自學攝影、建築、研

究史地，在這些領域都成了專家，他言談舉止俊逸儒雅，流露著像歐洲藝術家的氣質和文化人的瀟灑。

從小謝孟雄就清楚自己的性格，不是能夠向人求官、求富的人，加上祖父是中醫，想來想去，當醫生最獨立自主，又能救世濟人，便決定以此爲唯一職志。

在他心中有個景仰的典範人物，「我最敬仰的人是國父孫中山先生，因爲他是醫生，一生濟世救人，還甘冒殺頭危險去革命，提倡『天下爲公』。等革命成功了，又功成身退，沒有私欲，讓袁世凱當總統，還提出三民主義、建國方略等建國藍圖，人格眞的崇高無比。」謝孟雄不論行醫或濟世助人，皆以孫中山先生的信徒自勉。

遇到挫折當考驗
人生總有冬過春來時

就像國父孫中山推動革命歷

用「享有」來代替「擁有」，懂得這個道理，物質生活自然簡單，精神生活自然豐富。

謝孟雄曾拍過許多古典芭蕾、佛朗明哥及探戈的表演,並舉辦過攝影展,也出版過攝影集。其中「探戈」的張力,讓他深沉的迷戀,謝孟雄説:「我喜歡透過鏡頭,拍攝探戈舞者的舞姿。每每在探戈的專業表演節目中,我會試圖在幽暗的舞台燈光下,盡力捕捉每一位舞者千變萬化的曼妙舞姿,呈現出永恆的懾人張力。」

謝孟雄談探戈的感動

謝孟雄對探戈很有研究，「我喜歡在探戈律動的音符間，感受那種瞬間停頓的美感，透過鏡頭，我期望能把這個瞬間的感覺留存下來。」

「一曲探戈就像人的一生，有高低起伏，有抑揚頓挫；一首相同曲子的探戈，每個舞者的詮釋各有不同，有的洋溢青春，有的深沉老練，也像極了人生對時間的運用，年輕的時候，時間充裕，充滿著青春活力，年老的時候，歲暮有限，想要和年輕人擁有一樣的時間，就要更懂得利用時間，認真投入在生命中。」

經多次失敗才成功。現在大環境變遷，許多人遇到經濟難關，甚至遭遇失業問題，生活頓失重心，謝孟雄鼓勵這些人，面對生活低潮千萬不要放棄希望。

他以童年在戰爭中逃難的困苦生活經驗告訴我們，面對這樣的生活危機，生活態度必須調整，勇於接受困苦的挑戰。

「遇到經濟蕭條，人們更要懂得以享有代替擁有，要有物質生活要簡單，精神生活要豐富的觀念，實行簡樸的生活，不要有太多的貪欲。」

他舉自然界面對寒冬考驗為例：植物在寒冬中落葉是為減少水氣蒸發，靜待春天萌芽；動物在寒冬中冬眠，是為了度過食物匱乏的寒冬，這些道理，值得深省。

他比喻人生就像春夏秋冬，不會天天是春天，總有遇到不順遂的時候，在寒冬中，不要放棄希望，沉潛修練，減少耗損，重新檢視自己的生活態度，人生最後會有冬過春來的時候。

行醫體貼病患
堅持醫學要有美學根基

謝孟雄行醫時細心體貼，備受病患推崇，事實上，不少30多年前給他看過病的患者，至今還和他保持聯繫，彼此視如家人。「視病猶親，不能徒託虛言！身體有病已經很苦了，醫生一定要有耐性，所以我會盡量畫圖講解給她們聽，讓她們完全瞭解，能夠放心。」

此外，不光是醫病，動手術時，他還把傷口修得漂漂亮亮的。謝孟雄說，「沒有人要求我非得這麼做，但想到女性大都愛美，身上有條像蜈蚣般的疤，日後怎麼有自信？」他自我要求，把「美學」放進「醫學」中，讓手術從內到外都完美，患者格外感激。

「傷口會產生疤痕，是因皮膚承受壓力，如果順著紋路開

有人以為人文藝術是在唱高調，其實人文藝術的培養，從生活中就隨處可得。閱讀一本書、欣賞一部電影、聆聽音樂、參加講座、親近大自然，都可以從生活中培養美感、培養創造力。

土耳其的岩洞

克羅埃西亞一景

紐西蘭皇后鎮一景

謝孟雄有著「讀萬卷書，行萬里路」的精神，他喜歡旅行背著相機到處跑，每天一大清早就出門拍照，他用鏡頭捕捉著世界各地一點一滴觸動他的風土人情。

謝孟雄
心靈不空虛的方法

享有代替擁有 → 心境自然富可敵國

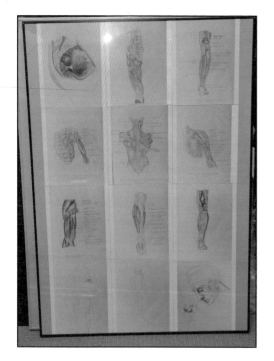

從小謝孟雄就有一雙巧手，他青少年時就開始玩相機，並喜歡素描繪畫。圖為他讀醫學系一年級時，用巧手畫出的人體解剖素描圖。

刀、用好的縫線及由內部縫合，能減輕皮膚的壓力，就不會產生蟹足腫或醜陋的疤痕。」謝孟雄的美學素養，不經意就從小地方流露出來。

也因謝孟雄主張：「醫學不是純科學，而是應用科學，其中一定要有美學觀念。」使得他教過的學生，及後來擔任校長的臺北醫學大學，在醫學教育上特別重視這一點。這項堅持，日後也成為北醫的「特色」。

攝影是一生的愛好
作品流露音樂節奏感

對於攝影，謝孟雄有談不完的喜

2008 年，謝孟雄至札幌參觀安藤忠雄設計的「渡邊淳一文學館」，他和渡邊淳一都是外科醫師出身，他想起 40 多年前，哈佛外科教授史密斯曾寫外科醫師必須具備的三個條件，分別要有老鷹的眼睛（代表鋭利）、獅子的心（代表決斷）、婦女的手（代表細緻），他覺得渡邊淳一都具備了這些條件，其實謝孟雄也具備了這些條件，除了他在醫學領域的專精外，他的攝影功力更是外科醫師巧手的展現。

愛和樂趣。他的攝影作品曾三次獲邀到國父紀念館的中山國家畫廊展出。近期，2008 年 10 月中「探戈攝影展」，展出 90 多件攝影精品；2012 年 5 月底，在歷史博物館「探索捷克波希米亞」的攝影展，都廣受各界推崇。

雖然他自謙是業餘玩家，但努力自學，技藝幾已臻巔峰，連攝影名家郎靜山，都十分佩服的誇謝孟雄「神乎其技」——不打閃光

燈，僅用自然光，竟可拍出絕佳作品。

　　很多人看到謝孟雄的攝影作品，特別是拍攝探戈舞者，常覺得畫面充滿節奏感。謝孟雄坦言，要作品光影獨樹一格，畫面有 feeling，必須在按快門的剎那，精準的算好節拍，才能 catch 到人物的表情，畫面充滿節奏感、韻律感。「拍攝舞者，不能等動作出來才拍，必須算好拍子按下快門，畫面才會精彩。」

　　不過，讓謝孟雄稍有「遺憾」的是，近年發表的幾乎都是攝影作品，很多人以為他是職業的攝影師，忘了他曾是國內知名的婦產科醫師。「關於這點，老實說，我有一點失落啦！」謝孟雄笑著說。

　　攝影，主要是為了釋放壓力，有趣的是，謝孟雄經常把 10 多

健康的重點就在於懂得預防，
營養、保養、修養，
就是身體儲存健康的一種實踐方式，
因為一分的預防，
將可省掉九分的治療！

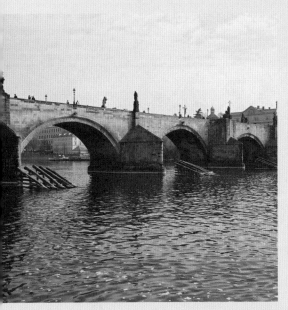

從 1990 年開始至今，謝孟雄曾至捷克 6 回。2011 年他出版《探索捷克波希米亞》一書，2012 年 5 月亦舉辦攝影展。捷克帶給他許多創作靈感，也給他另一層的文化思維，他認為：「今天一個國家的發展不是只看經濟，經濟只是手段，而文化才是目的，文化是立國之本，沒有文化，既不會成為大國也不會受人尊敬。」

謝孟雄備受各界推崇禮遇，許多民間單位都會爭相邀請他擔任要職來幫忙，他曾經前後有超過 50 多個單位頭銜。2008 年中至今他接任董氏基金會董事長，參與許多公益宣導活動的推廣。

謝孟雄對科技發展與人文藝術的思考

謝孟雄形容科技與人文的關係，就像車子的兩個輪子，必須同時並行，才能滾動。「在行駛中，如果一部性能優越的車子，必須要有強而有力的馬達才能耐久，那科技就等同於這部車子的馬達；在行駛中，遇到障礙物要左轉右轉閃開就要有方向盤，那人文就是這部車子的方向盤，如果沒有方向盤，車子橫衝直撞，那行路豈不危險重重。」

他強調，「科技向前發展，帶動人類文明的方針，並不是不對，重要的是在追求科技發展的同時，是否也該回頭審思對人文藝術的關懷，讓科技發展與人文藝術並行，追求理性與感性的平衡。」

年前的攝影作品，拿出來和今日作品相較，發覺自己進步，就格外開心。

旅行增廣見聞
講授文化史題材豐富

謝孟雄許多精彩的攝影作品是從旅行中得來靈感。「我已經走遍幾十個國家，但這世上，還有很多地方值得去看，也有很多書值得閱讀！」

對歐洲文化、歷史有深入研究的他，在實踐大學教授文化史課程，生動活潑，許多珍貴的圖片、教材都是旅行中費心蒐集而來的。接下來他還想繼續探訪文明古國或古城，看看三世紀的羅馬皇宮及十字軍東征的歷史遺蹟。此外，古波斯帝國（伊朗）、土耳其、印北的喀什米爾、西班牙南部、北義的一些小城，也是他想探險及拍攝的目的地。

美國教育家杜威說，『實踐是檢驗真理的唯一法則』，這一點，我完全認同，這個時代最缺乏的就是做，只有真正做出來才有價值！

謝孟雄在各地旅遊時，很懂得欣賞建築的美感。舉凡歌德式教堂的尖塔、巴洛克建築的廊柱、洛可可風格的浮雕等，他都曾蒐羅圖書，認真鑽研。實踐大學南北校區有許多建築的規劃，都是出自他的構想，並與設計師討論。

　　對語文很有興趣的謝孟雄，年輕時因抗戰逃難，因緣際會學會很多地方的方言，像廣東話、上海話、四川話、閩南語，未來也希望學會日文，行有餘力再學一點歐洲語文，目的是為了旅遊、攝影及閱讀異國文學。

領導就是要以身作則
管理就要把人心帶起來

　　因為謝孟雄懂得各地的方言，加上人脈寬廣，過去僑委會許多海外的藝文表演活動，都會邀請他幫忙帶團。好幾回，謝孟雄都曾銜命帶 30 多位演藝人員出國巡迴各地宣慰僑胞，很多人都覺得這是件苦差事，因為演藝人員自由慣了，生活作息不容易約束，想順利完成任務，難度頗高。但謝孟雄只簡單的要求幾點：1. 大家生活在一起；2. 不能單獨行動、訪友、出遊；3. 一切以完成任務為先。

　　謝孟雄以身作則，和大家生活在一起，吃漢堡餐、住旅店，沿途還兼任解說員，講一些故事給大家聽，結果大家都十分服氣，一

路進行順利，30 幾天相處融洽、同舟共濟，圓滿達成任務。

「管理之道很簡單，就是：所有規定不是訂給團員的，全員都要遵守──尤其是訂規則的人。」謝孟雄用最簡單的方法，立刻把大家的「心」給帶動了。「我會要求大家努力去做，如果努力而做不好，我可以接受，但若馬虎以對，我就會不開心，所以大家會各自去努力。」

太太是最佳模特兒
感謝牽手的包容付出

在謝孟雄眾多攝影作品中，不難發現他有一個專屬模特兒──美麗的另一半林澄枝。有一次聯合報訪問，還下著「林澄枝、謝孟雄牽手45 年，還在勾勾纏」，足見他們伉儷情深。

「我太太最大的優點，就是很貼心、會替人著想，和她相處過的人都喜歡她。加上她做事仔細，深得長

中國大陸塞北的明媚風光，也讓謝孟雄流連忘返，可是氣候與地形卻是個挑戰，但是為了獵下這些風景，謝孟雄不畏辛苦，拍下一幕幕的好風光與友人、學生分享。

官信任，交辦事情也很放心。」或許緣於曾擔任婦產科醫師，謝孟雄和一般男士相當不同之處是，一向樂於公開讚美另一半，還會嘴甜的感謝太太的貼心忍讓，盛讚太太容顏美麗、賢淑端莊。

他很感謝太太為他、為家庭、為孩子付出，從不抱怨，直到 50 歲後，孩子大了才做自己。「我和她相處 20 多年後才知道，她不喜歡吃豆子和一些青菜，之前她怕小孩偏食而營養失衡，還是煮給我們吃，陪我們一起吃。」

謝孟雄和林澄枝相知相惜半世紀，他也大方分享維繫感情之道，提醒天下有情人：「愛情的花園一定要常澆水、勤保養，花朵才會美麗盛開！」

（文／葉雅馨、張慧心、楊育浩）

謝孟雄對自己有美麗的另一半林澄枝感到幸運。2007 年聯合報曾經訪問過他們夫妻，還下著「林澄枝、謝孟雄牽手 45 年，還在勾勾纏」大標，足見他們伉儷情深。本圖攝於 Croatia(克羅埃西亞)。

父親的兩句話，
影響謝孟雄的人生觀

　　謝孟雄的父親在他年少的時候告訴他：「物質生活要簡單，精神生活要豐富。」長大後，他愈來愈能瞭解先父這兩句話的意涵。

　　「歷經巨變時期的父親，一生到95歲，沒有因物質生活改善而改變他原本儉樸的生活方式，飲食永遠是簡單的青菜豆腐，生活總以享有代替擁有的觀念，讓自己的精神生活更豐富於物質生活。」

　　謝孟雄認為，人的物欲是無窮的，物欲會蒙蔽人的心智，使人產生貪念，嚴重者，甚至令人迷失，迷失到想以不擇手段、非法的方式取得，可是取得後又陷入空虛的泥沼，再想追求更大的物欲來滿足，一再循環，物欲給的答案永遠無法滿足，只會使人愈陷愈深，終究無法自拔。相反的，精神生活的追求，卻可以滿足人心靈的空虛，在沮喪時也可給人良好的慰藉，舉凡天地宇宙、宗教、人文、藝術、讀書、繪畫等，都是精神生活追求的來源，取之不盡。

醫者人文心，尋找靈魂的安頓
黃勝雄
捨得放下，
找到意外的人生

1938 年生，黃勝雄是臺灣知名的醫師，當代最具代表性的全方位醫療倫理的實踐及教育者。原在美國行醫 25 年，在腦神經外科有傑出成就，是享譽全美的腦神經外科權威，前美國總統雷根遇刺後，他是六人醫療小組的成員之一，被認為是 Doctor's doctor（許多醫生的腦神經外科醫生）。1977 年獲頒十大傑出青年肯定。

1993 年，他辭去原本優渥的美國醫學院教授職務，回臺接下花蓮基督教門諾會醫院院長的職務。65 歲時，從門諾醫院院長的職務退休，在擔任院長的 10 年間，讓這座原本靠捐款經營的小醫院，變成一家區域教學醫院。

2008 年，他獲得花蓮縣醫師公會頒發的第一屆「醫療奉獻獎」肯定。現在他期望將自己畢生經驗傳承給新生代醫生，並投入醫學人文教育工作。

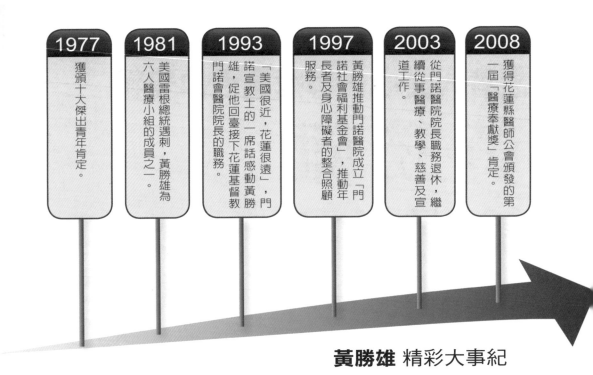

黃勝雄 精彩大事紀

1977	1981	1993	1997	2003	2008
獲頒十大傑出青年肯定。	美國雷根總統遇刺，黃勝雄為六人醫療小組的成員之一。	「美國很近，花蓮很遠」，門諾宣教士的一席話感動黃勝雄，促他回臺接下花蓮基督教門諾會醫院院長的職務。	黃勝雄推動門諾醫院成立「門諾社會福利基金會」，推動年長者及身心障礙者的整合照顧服務。	從門諾醫院院長職務退休，繼續從事醫療、教學、慈善及宣道工作。	獲得花蓮縣醫師公會頒發的第一屆「醫療奉獻獎」肯定。

　　黃勝雄原本是享譽美國的腦神經外科權威，是什麼原因，讓他毅然放棄原本優渥的環境，跑到東臺灣的後山墾荒，而且一待就將近20年？

　　50歲那年，黃勝雄的醫學工作臻於最高境界，不但是享譽美國的腦神經外科權威，一年要看5000位病人、動360個充滿挑戰的腦部手術，也曾任美國雷根總統隨行的指定醫師，及數任總統的醫療顧問，年薪超過百萬美元，被公認是「醫生的外科醫生（Doctor＇s doctor）」，在學術上也成為美國外科學院院士，具有

一定的地位，但他卻一直問自己：
「我該為生我長我的臺灣做些什
麼？」

從小看著黃勝雄長大，也
是黃勝雄就讀醫學院後十分傾慕
的臺灣醫療奉獻獎得主、彰化基
督教醫院院長蘭大弼（英裔臺灣
人，接續父親蘭大衛醫師職志，
父子合計奉獻臺灣醫學 75 年），
不但是他和太太的證婚人，也在
宗教及醫學人文思想上，深深影
響黃勝雄一生。

「我一直很欽佩蘭大弼的作
為，也想效法他！」黃勝雄曾和
朋友一起去探望深入尼泊爾宣教
的友人父親，在當地做了一個月
義工；之後經由美國芝加哥的神
父推薦，前往印度德雷莎修女創
辦的垂死之家參訪，看到各國人
士對陌生人的奉獻，發現生命如
此豐富，卻不是依靠物質創造。

「我也該做些事情才對！」
黃勝雄想到一路走來，受到故土

我有大房子、很好的車，
物質上的東西我都有，
但生命真正的意義，不在物質，
我是回臺灣買靈魂的。

生命的長短不是價值，
意義才是價值，
意義是來自貢獻！

生命的豐富
不是依靠物質創造

的滋養扶助和文化栽培，一直比來自其他國家的同僚幸運，此時也該是回報的時候了！他立刻詢問美國的宣教機構，臺灣是否有地方可讓他做短期服務，1986 年，他利用休假，返國到花蓮門諾醫院當一個月的義工。

1993 年回臺灣買靈魂
生命中最有意義的一次感恩節

回到美國後，黃勝雄隨即參加了基督教墨西哥醫療團，前往當地服務一個月，但整個過程，卻像是

走在花蓮門諾醫院壽豐分院的路上，黃勝雄遠望這些在 2009 年後逐一完工的建築設施，他心中湧上許多說不完的感激。因從一開始的荒蕪，到現在成為照顧貧病老人的家園，都是來自社會大眾的愛心與關懷，沒有這麼多無名的善心人士幫助，就不會有這個家園。

「資本主義大亨到落後地區施捨行善」，感覺十分不好。

「相反的，在花蓮時，我住的是頂樓鐵皮屋，環境燠熱髒亂，生活條件惡劣，日子雖苦，心中卻覺甘甜！因為臺灣是育我養我教我的土地，我缺乏靈魂的平安，該回去臺灣買靈魂！」

當這念頭產生，黃勝雄決定義無反顧回臺灣。他放下在美國的事業、地位及優渥的生活，打算回臺接下彰化基督教醫院的延聘，可是家裡的孩子還未上大學，加上對方希望他當院長，他自覺對醫院管理的領域，還不夠專精，於是暫時打消念頭。隨後，他花了一年時間，回到母校約翰霍浦金斯大學修習醫院管理，又去普林斯頓大學學習自由神學。

經過了 5 年後，1993
年時，當花蓮門諾醫院徵聘
院長時，他認為自己「終於
準備好了」。在美國冠蓋雲
集的 400 人送別會上，儘管
政界、學界都無比惋惜，那
年 11 月，黃勝雄無愧於心
的從花蓮門諾醫院薄柔纜院
長（Dr. Roland P. Brown）
手中接下重擔，打破外籍傳

黃勝雄的養生祕訣

1 每天維持走路 40 分鐘的運動習慣。

2 飲食習慣偏向素食，但會吃一點點的紅肉，並多吃魚類及水果。

3 讓心境保持樂觀。

4 生活要規律，不暴飲暴食，不抽菸，不酗酒。

我剛到美國讀醫學院時，最訝異的幾件事，一是教授要我直呼其名，二是受人幫助者幾乎都能坦然開口表達感謝，後來更發現：只要有實力，不管是什麼膚色或人種，人人都會尊重你。

教士常形容「臺灣人總認為：美國很近，花蓮很遠！」的說法，那天，也成為黃勝雄生命中最意義非凡的一次感恩節。

薪水雖不到在美國時的1/10，但黃勝雄抱定「既來之則安之」的想法，還捐出薪資的2/3，做為公益慈善用途，自己和太太則住員工宿舍，過著儉樸的生活。

「孩子剛上大學，當然還有負擔，但有妻子的支持，我相信一切神自有最好的安排。」黃勝雄談起另一半的好，那種無悔的信任和陪伴，真的令人無比羨慕。

幽默風趣的平民化作風
帶領門諾醫院向上提升

黃勝雄以宗教家及美式親民作風，帶領門諾醫院向上提升，激發了員工的動力。他當院長期間，說話輕聲細語、幽默風趣，

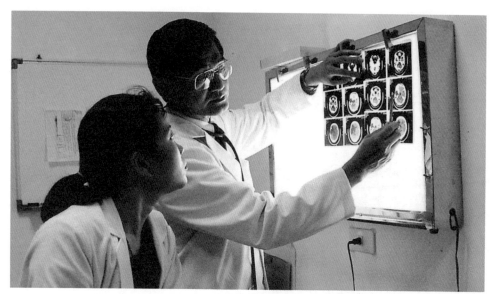

黃勝雄總執行長提攜後進不遺餘力，在醫療專業領域上，常給予各醫師指導。圖為黃勝雄擔任院長時，在臨床指導住院醫師，透過腦部片子的判讀，能精確掌握病患的狀況。

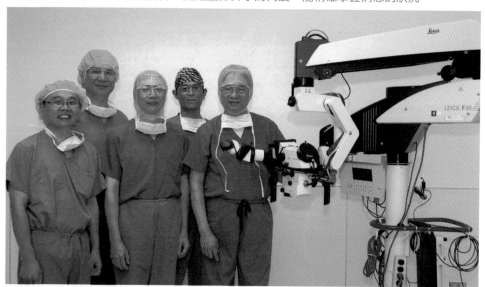

門諾醫院的神經外科團隊在黃勝雄總執行長的帶領之下，成功地搶救了許多因腦血管病變或頭部外傷而岌岌可危的生命。

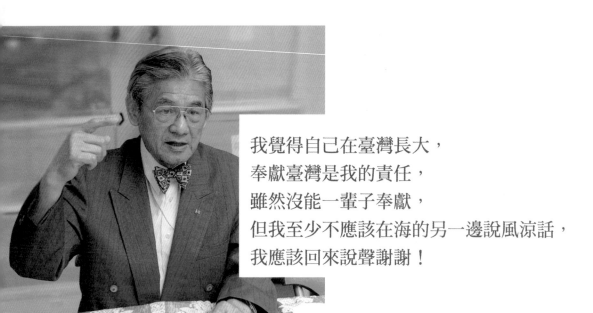

我覺得自己在臺灣長大，
奉獻臺灣是我的責任，
雖然沒能一輩子奉獻，
但我至少不應該在海的另一邊說風涼話，
我應該回來說聲謝謝！

美國很近，花蓮卻很遠

1993 年，黃勝雄深受花蓮門諾醫院前院
長薄柔纜這句話所感動，毅然放棄一切，
返回故鄉台灣，到後山門諾醫院服務。

作風十分平民化，不但堅持不請司機，在同仁需要時，還樂於當他
們的司機。

黃勝雄坦言自己十分「崇拜雷根」，因為「即使在危急時刻，
他也不失幽默感。」雷根腹部遭槍擊時，黃勝雄也在場，當醫護人

黃勝雄的太太劉壽賀曾與一些醫師娘合出一本書,談夫妻間的相處之道,她說他和
先生因為聚少離多,因此,她也選擇到醫院去當志工,奉獻自己一點心力。黃勝雄
與太太相當珍惜兩人相處的時間,每一刻對他們來說,都是值得珍藏的回憶。

員對他說：「總統先生，我們會盡最大努力。」雷根答：「等等，我希望你們都是共和黨員。」在那麼緊張的氣氛下，脫口說出這句話，連醫護人員都被逗笑了。

黃勝雄在後山墾荒，於65歲從門諾醫院院長職務退休。在他擔任院長的10年間，改變了臺灣後山這座原本靠捐款經營的小醫院，使其成為一家區域教學醫院，同時發展出饒富特色的獨居老人送餐、日托站、在宅服務等社會工作方案。

「雖然大家都認為我改造了門諾，其實，是門諾讓我更深入地認識臺灣人，也看到其他人看不到的臺灣精神。」黃勝雄認為，「大家都知道『施比受更有福』，但在東臺灣，有許多人不但為善，而且不欲人知，就像陳樹菊阿嬤一樣令人感動。」

雖然大家都認為我改造了門諾，其實，是門諾讓我更深入地認識臺灣人，也看到其他人看不到的臺灣精神。

黃勝雄每天「慢走」的方法

1 不求速度

2 不在意距離

3 能走多遠 就走多遠

只要平均日行萬步，
不但活力佳，神經不會萎縮，
思考也會活絡，情緒更為平穩。

想要擁有健康的身體，
一定要有實際行動，
再配合堅強的意志力才行。

我們都是跨越世紀的現代人，
我們一直在往前跑。
但是有沒有想過：
什麼時候我們應該轉彎往原點的點？

人要常保一顆樂觀的心，因為唯有敞開心胸，才能減少自由基對健康的威脅。

每天走路與妻談心
是最甜蜜的時光

已74歲的黃勝雄，起居作息一如年輕小伙子般精力充沛。他笑談保持充沛體力的方法，「很簡單，只要一直走、一直走就行了。」

多年來，他清晨起床後，就約太太一起到附近校園的操場慢走30、40分鐘，不求速度，也不在意距離，能走多遠，就走多遠，接著回家沖澡，吃過早餐後，再出門上班。

如果覺得早上走得不過癮，晚上下班回家，吃過晚飯，換上輕便服裝，他還會再出門走幾圈。「一邊走路一邊談心，是我們夫妻倆最甜蜜的溝通時段。」黃勝雄笑言，別人是枕邊細語，他們夫婦則是在操場、公園或花蓮海邊「運動細語」！

黃勝雄認為，每個人平均一

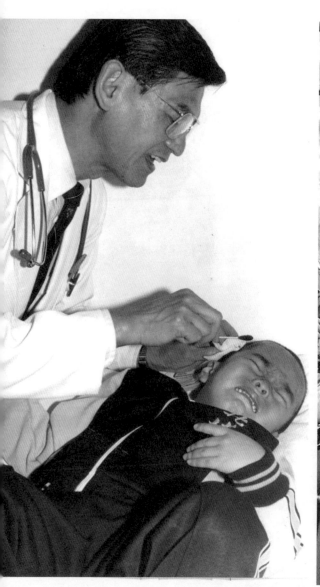
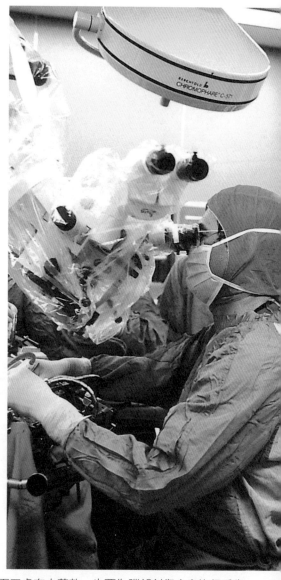

黃勝雄擔任門諾醫院院長期間,不僅要為醫院的長遠發展而四處奔走募款,也要為腦部創傷病患施行手術,儘管十分忙碌,他仍停不下腳步,希望多為後山居民提供服務。

天要走一萬步，長久下來，不但體力活力俱佳，神經不會萎縮，思考也會活絡，情緒更平穩。

在飲食方面，黃勝雄堅持正確且健康的飲食原則，逐漸偏向素食，但不是全素，而是「方便素」，偶爾吃一點紅肉，同時多吃魚類及水果。「薑黃素可促進記憶力，所以我們常吃咖哩飯。一週最少有三餐吃咖哩，另外還會補充維他命 C，那是一種抗氧化劑。」

每年生日時，夫妻倆會定期身體檢查，黃勝雄還認為，常保樂觀的心，可減少自由基對健康的威脅。只要生活規律，不暴飲暴食，不抽菸，不酗酒，加上規律運動，自然能將危害健康的因子壓到最低，就能健康長壽。

（文／張慧心、楊育浩）

黃勝雄非常感謝另一半無悔的信任和陪伴，讓他得以無後顧之憂地放下在美國的事業、地位及優渥的生活，回臺灣接下經營花蓮門諾醫院的擔子。

臺灣需要更多
願意「替窮苦人家洗腳」
的醫學生

展望未來，黃勝雄最大的心願，是傳承自己的畢生經驗給新生代醫生，也想找時間寫書，從歷史觀點追尋醫病關係，加強醫生的人文素養。

「並不是考進醫學院的人都適合當醫生！」黃勝雄看過很多外科醫生，把病人的傷口縫得像隻歪七扭八的蜈蚣，「對人體組織要懷有尊敬，不但要當成藝術品，更要把病人當成是自己的兄弟姊妹！」他認為，醫生眼中不能只有「我」，而臺灣需要更多願意「替窮苦人家洗腳」的醫學生。

「現在醫學院的學生，成長過程備受呵護，未來只想挑軟飯吃，真是努力不夠。」黃勝雄記得老一輩的醫生，天冷時使用聽診器前，會先用手捂住，等和體溫差不多了，才去接觸病人的身體；當學生在手術上出了問題，老師也願意替學生扛責任。他感慨萬千，卻也看到自己未來可以著力的方向。

破局而出，樂於分享人生態度

黑幼龍
正向思考，
笑著過日子

1940 年生，因對英文有興趣，選擇赴美留學，取得美國羅耀拉大學碩士學位。1980 年，40 歲進入光啟社工作，並在擔任光啟社副社長期間，與主播沈春華合作主持臺視軍事科技節目《新武器大觀》。

1987 年，黑幼龍引進知名企管訓練「卡內基訓練」，幫助企業發揮人力資源潛能，增強企業競爭力。曾經被評選為對臺灣最有影響力的人士之一、20 ～ 40 歲的上班族最想追隨領導人之一。2007 年，獲得勞委會「人力創新獎」中，「特殊貢獻獎」的肯定。

創辦卡內基訓練這段經歷，是他人生當中「最長的旅程」，也是他投入最深、也最感興趣的工作，現在黑幼龍是卡內基訓練大中華地區負責人，積極在上海、江蘇、山東、浙江設立培訓機構，為企業培養人才。

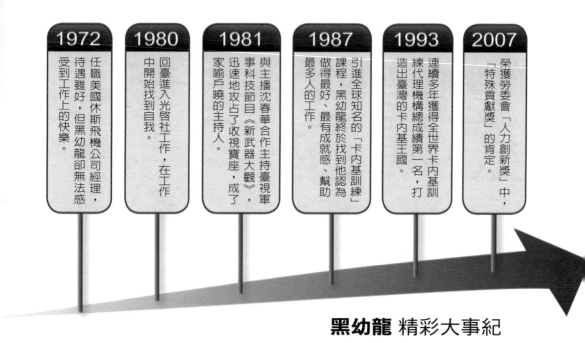

1972	1980	1981	1987	1993	2007
任職美國休斯飛機公司經理，待遇雖好，但黑幼龍卻無法感受到工作上的快樂。	回臺進入光啟社工作，在工作中開始找到自我。	與主播沈春華合作主持臺視軍事科技節目《新武器大觀》，迅速地攻占了收視寶座，成了家喻戶曉的主持人。	引進全球知名的「卡內基訓練」課程，黑幼龍終於找到他認為做得最好、最有成就感、幫助最多人的工作。	連續多年獲得全世界卡內基訓練代理機構總成績第一名，打造出臺灣的卡內基王國。	榮獲勞委會「人力創新獎」中，「特殊貢獻獎」的肯定。

黑幼龍 精彩大事紀

　　黑幼龍的演講總是叫好又叫座。他透過自己的故事分享，告訴聽眾如何用「正向思考」的樂觀態度，來面對生命的波濤起伏，演講的內容貼近人生，並且常有幽默的口吻，聽了讓人忍不住會心一笑。

　　曾因初中聯考名落孫山，一度想放棄自己，高中時又遭到留級的挫折，後來 24 歲時考取公費留學，32 歲時，任職人人稱羨的美商公司。在 47 歲那年，他放棄高薪，決定從零開始，創辦臺灣卡內基，從事人際關係訓練。面對人生的起起落落，他不斷破局，走

溝通，常常不是因為你很會講話，

溝通，常常是因為你很會聽！

出屬於自己璀璨的精彩人生。他
說，現在這個工作是他最有成就
感的工作。

人生如波浪
起伏難免

談起人生態度，個性達觀豁
達的黑幼龍，也有一套自己的解
讀之道。在他眼中，「人生如同

有人犯錯後，勵精圖志，
會比原來強上一百倍，
但是也有人不論犯了多少次錯，
後來還是一成不變，
甚至還有人犯錯後，
因為不斷地為自己找藉口，
反而比原來變得更「矮小」。

加、減、乘、除的人生

「如果有人要我用一句話形容我的一生，只能用一句話，那麼我必須說：我過了一個加、減、乘、除的人生，而且還會繼續這樣過下去。」

什麼是加、減、乘、除的人生？「＋，就是增加個人的優點；－，就是減少缺點；×，就是藉著讚美，讓夥伴發揮力量；÷，就是分享。」黑幼龍認為，人一生的壽命，大概可以活到 70 ～ 80 歲，那麼長的時間，多數人卻是活得庸庸碌碌，如果，我們能花百分之一的時間，好好為自己做一下「＋、－、×、÷」，人生一定會有不同的風貌。

做任何事情前，
先了解自己感興趣的事是什麼，
才能全心投入，事半功倍。

波浪，有起有落是難免的事，一個人不可能永遠受到幸運之神眷顧，可以一輩子『百事可樂』、『萬事如意』，」因此，如何讓自己在順境時追求成長、逆境時有所收穫，也成了每個人都應該學習的首要人生課題。

黑幼龍笑著說，很多人以為他一路走來一帆風順、平步青雲，事實上，他過去也曾經歷一段「徬徨少年」的慘綠歲月。

回憶起小學時期，學業成績不突出，多數科目都不如人意，只對寫作及語文感興趣的他，當時內心缺乏自信，甚至感到有些自卑。然而，在自己都不肯定自己的這段時期，小學四年級老師卻常在全班面前誇他寫作能力好，還私下跟其他老師稱讚他的文章寫得很有深度，老師的讚美與鼓勵，激發他向上提升的動力，也開始對自己產生自信。

成功的人，
常會去做失敗者不願去做的事，
這種習慣，才是成功的公分母。

1987 年自美國引進卡內基訓練進臺灣後，黑幼龍更獨步全球，設計青少年卡內基訓練課程，幫助孩子遇見更好的自己。

再困頓
也要笑著過日子

「成功的人，常從挫折中去尋找機會；失敗的人，常從機會裡去找尋挫折。」黑幼龍說，人生不如意事十之八九，態度與想法卻可幫助一個人把挫折化為動力、把逆境轉為順境。就像他求學時期，

隨心所欲
享受精彩人生

黑幼龍教你如何「讚美」別人

1 讚美是最好的激勵方式，不要吝於讚美。

2 讚美需要練習，讚美對方的行動，不要用空泛的形容詞。

3 真誠且具體地說出，你感激對方什麼地方。

4 讚美主管、長輩時要有自信，他們也需要你的鼓勵。

5 用感謝回應對方的讚美，誠心感謝他的肯定。

年輕人常擔心哪些事不該做。年紀大了以後，又常擔心哪些事沒做：像跟家人表達愛意，像寫一封感謝的信給自己一生中的貴人。

也是一路「跌跌撞撞」，曾因沒考上初中，面臨不知道下一步該怎麼走的窘境，高中時，因數學成績太差，須接受被留級的悲慘命運，但在這過程中，也因對語文的熱衷學習，找到另一片寬廣的天空。

黑幼龍透露，箇中的成敗關鍵在於「自己對生命永不放棄的正向態度」，即使身處最困頓的人生低潮，也要鼓勵自己「笑著過日子」！這也是為什麼他一再強調「正面思考」的原因。

他知道要讓自己活得自在輕鬆，不是件容易的事；但從自身經驗中，他也深刻體會到要抒發壓力與排解憂鬱並非沒有辦法，「在同樣的困境中，不一樣的態度會導致不同結果。」

1
要懂得傾聽、
微笑、支持。

**真誠態度是
溝通能力良
好的關鍵**

2
給予對方及時
善意的反應。

3
談及對方感興
趣的話題。

對於自己認為不可能的事，都不可以放棄，因為只要肯努力，當初所謂的「夢想」，才會成真。

壓力太大
尋一個解壓出口

每次應邀演講，黑幼龍都不忘鼓勵年輕朋友，在面臨人生低潮或遭遇重大打擊時，要擁有正面思考的積極思維，凡事不要過度鑽牛角尖、拚命往壞處想，而是告訴自己「事情其實沒那麼糟糕！」下一步則是定下心來，思考眼前的問題、專注心力想想自己可以怎麼做、設法從中找出解決之道。

黑幼龍談及，他也有壓力大的時候，重要的是為壓力找到一個「出口」。他以自己為例，就算工作再忙碌，也會每天撥出 1 小時的時間快走，幫助自己維持良好的體力與體態。

看電影和閱讀也是他不可或缺的休閒活動，能在陽光燦爛的午後輕鬆看一齣好電影或是讀一本好書，就是他最愜意的「浮生

性格開朗的黑幼龍，總是流露出溫煦的笑容。他認為，唯有正視、肯定自己的優點，才能燃燒對人生的熱情！

1 記得別人的名字

2 多談別人感興趣的事

黑幼龍教你 **4** 大獨門做人心法

3 讚美要到心坎裡

4 保持笑容與熱忱

黑幼龍不論演講或受訪，都想盡心鼓勵年輕朋友，要有正面思考的思維，凡事不要過度鑽牛角尖，遇到挫折，嘗試讓自己改變看待壓力的心態，只要正向能量開啟，相信問題一定可以解決。

半日閒」時刻，也是最好的紓壓之道。

「只要改變自己的態度，就有機會改變目前的情況。」黑幼龍語調堅定地說，肯用心耕耘，無論成功或失敗都是一種「收穫」，在認真努力的同時，也不要將「得失」看得太嚴重，如此一來，才不會給自己太大壓力，人也會活得自在些。他強調，人生並非得要「十全十美」，有時候「五全五美」也不賴！

高度熱忱與興趣
每天都樂在工作

問及他最吸引人的地方，黑幼龍說，「我想，我最吸引人的地方，應該是對身邊的人都抱持一股熱忱，無論是新朋友還是老夥伴，我都會展現自己最開朗熱情的一面，記得彼此間曾經歷過的許多事。不只人，我對週遭事

每個人難免都會犯錯，但關鍵並不在犯錯，而在於你面對錯誤的態度。

只要肯用心耕耘，無論成功或失敗都是一種「收穫」。

物也展現高度興趣，當我投身到一個新領域時，自己也會覺得格外開心，因為又能學到許多新東西。」

此外，很多人也對他「很喜歡說故事」印象深刻，大家常說，「99個道理，沒有一個好故事來得有用」，對他來說，聽故事和說故事都是人生一大樂趣，因為故事中往往蘊含許多生命真諦，不只感動人也感動自己。

常有人問他如何保持一顆「年輕的心」與活力外表，年過70歲的黑幼龍笑著說，抗老祕訣或許就在於自己可以「樂在工作」，而不覺得身心疲乏。黑幼龍每天都活得很充實，忙得很有意義，這不只成為他的抗老祕方，更是不斷學習的動力來源，箇中樂趣讓他至今都捨不得退休。

「別讓自己錯過生命中的美好時光。」黑幼龍說，活了大半

許多人聽過黑幼龍的演講，總是難以忘懷。他的演講生動活潑，他喜歡透過自己的人生故事，與人分享經驗，一起討論人生所面對的大小事，傳達正向思考的人生態度。

輩子，他發現克服低潮、沮喪、憂慮的最好方法就是「活在當下」，讓自己不要為過去悔恨、不要為未來煩惱，多想想自己擁有的、學習用感恩的態度來看待自己的人生，就會發現原來生命是如此美好！

（文／張文華、楊育浩）

「樂在工作」，讓自己每天都活得很充實、忙得很有意義，是年過 70 的黑幼龍，常保活力的抗老祕訣。

黑幼龍的人生態度：
正向思考，
把困境看為挑戰

懂得正面思考的人，會將遇到的挫折視為磨練、將困境看成挑戰，鼓勵自己愈挫愈勇，但抱持消極態度的人則可能就此被挫折擊倒、終日鬱鬱寡歡，將自己畫地自限，不願意發揮潛力、嘗試「破繭而出」。

黑幼龍引用奧地利心理學家弗蘭克爾（Viktor Frankl）說的話：「人所能擁有最後的自由，就是我可以決定自己的態度。」

曾被囚禁在納粹集中營達 3 年之久的弗蘭克爾，用親身經歷發現，許多能活著從納粹集中營走出來的倖存者，往往不是身強體健的人，而是能正向思考、不輕易對環境低頭的人。弗蘭克爾的這番話，不但讓他看了體悟良多，也證明「正向思考」對一個人的影響有多大。

幸福矽達人，勇於挑戰自我

王純健
贏過自己，
成功就在不遠處！

1940 年生，26 歲進入勝記貿易，就開始接觸矽利光（Silicone）產品，至今近 45 年，有「矽利光達人」美名。在臺灣，如果談矽利光在生活中各行各業的各種應用，應無人能出其右。

1970 年，王純健至日本研修矽利光的產品技術和應用技巧；1981 年，與友人創業成立崇越貿易，負責代理及經銷業務，並與日本信越共同投資建廠於新竹，在臺中設立分公司。2004 年，崇越貿易與崇科電子正式合併，更名為崇越電通（股）公司，王純健擔任董事長一職。2006 年，他經營的崇越電通（股）公司正式於櫃檯買賣中心掛牌交易。

現在王純健雖然已卸下崇越電通董事長一職，但他依然精力充沛，鬥志昂揚，對崇越集團未來的開拓，正如他自己形容：「我不是退休，是人生七十再開始！」他的「再開始」是以崇越開發（股）公司為母體，投資各種關鍵材料的開發及應用。

1967	1970	1981	2004	2006	2011
踏入勝記貿易，開始接觸矽利光（Silicone）產品。	赴日本進修，了解矽利光的產品應用。	與友人創業，成立崇越貿易。	崇越貿易與崇科電子合併為崇越電通，並擔任董事長。	崇越電通於證券櫃檯買賣中心掛牌交易。	退居第二線，以崇越開發（股）公司為母體，投資各種關鍵材料的開發。

王純健 精彩大事紀

　　王純健從 1967 年接觸矽利光（Silicone）產品，近 45 年的貿易經驗均和矽有關，國內無人能及。矽材料在我們日常生活中運用極廣，如電子業、橡膠業、塑化工業、紡織處理、化妝品業、LED、LCD 產業、食品添加等，藉以改善性能，提高品質。

　　「矽利光可以很傳統，也可以很科技。我們從一個女生的頭到腳舉例它的應用：頭髮用的潤絲精、臉部使用的面霜和唇膏，再來是胸貼、隱形胸罩、衣服、衛生棉、身體乳液、鞋油等產品，都會用到矽利光做為處理劑。」王純健說起矽利光在生活的應用，總是侃侃而談。

從事矽利光的事業，讓他有幸福的感覺，他所創辦的崇越電通（股）公司，年年獲利穩定，且股東投資報酬率高優於同業許多，是法人心目中極佳的高殖利率績優股。談到崇越電通有今日的成就，他爽朗地笑說：「別人除了說我王純健嗓門大、行動快、有自信，應該對崇越沒其他壞話可說了！」

即使應酬
照樣一早 7：30 上班

在崇越集團的員工眼中，王純健是有度量的老闆，對企業文化的傳承，更有百分百的堅持。

王純健雖為大老闆，卻是不折不扣的「工友級」人物，十幾年來，經常在天剛亮，眾人睡眼惺忪的七點半，就到達公司，為尚未上班的員工打開冷氣機。即使應酬，喝到凌晨 1、2 點，仍不

如果想創業，年輕時面對工作的態度就要多做，什麼事都肯做，因為做得愈多反而學得更多，努力讓自己歷練更充實、經驗更豐富，對以後的創業都會有莫大的幫助。

王純健不時會為公司舉辦一些休閒或聯誼活動，透過健走或球類運動，和員工更近距離的互動相處，展現另一種柔和的領導力。

王純健的醒腦妙方：
早起頭腦自然清楚

每天清晨
5：30起
身運動

7：30
進公司

9：00
開會

頭腦已清醒，
可以正確下定決策

改規律精神，照樣一早上班。

　　但是，這麼早到公司，要多早起床？王純健透露，他往往每天五點半就起身，做晨間運動，然後七點半到公司，「因為人每天起床之後，頭腦需要4小時才能真正清醒，所以我五點半起床，早上九點開會時，頭腦比所有人都來得清楚，可以做出明快正確的決策。」

　　頭腦動得很快，讓王純健常滿腦子充滿不吐不快的新想法，「週休二日對我來說是浪費！」他在週六日都會去思考當週碰到的

問題，然後忍不住打電話給部屬，這麼一來，又擔心員工壓力變得很大。不過，他靜心思量，還是覺得「老闆決策要又快又準，才不至於造成員工更多的壓力。」

保持規律的生活
隨時隨地都可運動

不同於多數企業家專打小白球，或從事特殊的休閒，王純健說，「我最喜歡的運動，就是講話。我一天從早到晚講話次數很多，而且內容也講很多，從早上上班，到晚上和人應酬等各種方面，我都

王純健「人性化管理」的領導思維

1 公司的員工沒有把工作做好，是老闆的責任。

2 沒有不是的員工，只有自私、小心眼的老闆。

3 當一位成功的領導人，對部屬一定要傾囊相授，並且要有容忍部屬犯錯的氣度和包容的胸懷，才會勝任愉快。

王純健強調「隨時隨地運動」的概念，不論在戶外或辦公室，有機會他就會選擇走路，並且快步行走，同時手腳一起動，如果遇到熟人，他也會開口聊上幾句，讓全身都有機會運動到。

王純健的「多說話」運動哲學

1 把說話當作是一種運動方式，說話時除了丹田氣要足，不時加上手勢、肢體語言，就可以無時不動了。

2 說話的好處，不光是嘴巴在動，腦筋同時也在動轉，如此說出來的話才能有內容、合邏輯。

3 說話一定要說好話，說有用的話，不要亂罵。

喜歡講話。」

講話也能當成運動？乍聽這個主意很鮮，王純健解釋，講話時除了丹田氣要足，腦筋也要轉得快，說出來的話才能有內容、合邏輯，還要加上手勢、肢體語言來強化表達，其實就是很好的運動。

除了講話，王純健強調「隨時隨地運動」的概念，如走路用快走，手腳一起動；講話時，頭腦和全身氣血一起運轉，讓思緒清晰。

因此，即使年過 70，仍聲如洪鐘，敏捷的快人快語不輸年輕小夥子，看得出體內養著一汪青春之泉。其實，正常規律的生活步調，正是王純健精神暢旺、頭腦清晰的養生之道。

提升能力和視野，最重要的不是和別人比較，而是勝過自己。

自備鹼性水泡茶
力行養生之道

為了讓身體維持弱鹼性，王純健每天還自備鹼性水，帶到辦公室泡茶喝。

令人好奇的是，這些「內行」的養生之道從何而來？原來，他常和一票好友聚餐聊天，其中不乏醫學中心的院長和醫學專家，「邊吃飯，等於邊上醫學養生課程」，他也從中體會到預防醫學的重要性。

即使注重養生，灑脫的天性仍藏不住，他爽朗笑著說：「只要活得快樂，活幾歲不重要啦！」例如：喜愛小酌的習慣，就無關養生，在高興時總會多喝幾杯，且什麼種類的酒都喝。

他開玩笑地說，「我晚上9點以後不吃東西，不過喝酒不在此限。」

從 41 歲創業至今，王純健對自己創立的「崇越集團」，不斷努力的追求挑戰，他的工作與人生已完全結合在一起，「開創燦爛人生，創造崇越版圖」是他人生奮鬥的目標。

當老闆，決策一定要又快又準，
絕對不可以模稜兩可，
如此才不會造成員工做事的壓力。

察言觀色
了解員工的心情

　　然而，面對 21 世紀的憂鬱症浪潮，王純健認為，人的性格如果是腦筋常常打結，跨不過解套的橋，就容易走入陰鬱的死胡同。「這往往是一念之間，可以選擇快活，也可以選擇憂鬱。」

　　他舉例，同時進入一家公司的人，多年後有人升上經理，有人還是專員，無法升職的背後要思考的問題是：為什麼表現的能力達不到升職的標準，而不是無法升職的這個表面事實。若為此感到抑鬱，那人生真有數不完的憂鬱了。他建議，排解憂鬱的方式，就是

把心打開迎向光明面，且勇敢面對問題，乾脆地下決定。「凡事選擇要，或不要，不要在中間擺盪，讓自己心神不寧、魂牽夢縈」。

　　儘管王純健看起來大剌剌，其實有顆非常敏銳的心，他常會察言觀色，默默關心每個員工的狀況，如偵測到部屬的心情沮喪，他往往會主動把部屬邀到辦公室聊天，開導一番。

人一輩子都是往上爬
重點是「贏過自己」

　　能白手創業，創立「崇越集團」，追求卓越，共創美好未來，

人要勇敢面對問題，乾脆地下決定。
凡事只有選擇要或不要，
千萬不要在中間擺盪，
讓自己心神不寧、魂牽夢縈。

人一輩子都要努力往上爬，
只要贏過自己，成功就不遠了！

王純健的血液中充滿迎向挑戰的基因，他說，「人一輩子都是往上爬，只要贏過自己，成功就不遠了。」他認為，從年輕到現在，他都不斷追求挑戰自我，提升能力和視野，最重要的「不是和別人比較，而是勝過自己」，所以他的字典中，沒有「退休」兩個字。

2010年，崇越集團已邁入了第30個年頭，王純健也決定「隱身幕後」，他給自己這段奮鬥的歷程，打的分數只有80分，因為他期望自己還能為股東、員工、顧客做得更好。

雖然已退居第二線，但王純健強調：「我可不是退休喔！是人生七十再開始！」他的「再開始」是以崇越開發 (股) 公司為母體，投資各種關鍵材料的開發及應用。

王純健詮釋「退休」的意義，就是把原本的工作交棒給年

2010 年時，當自己創立的公司已邁入了第 30 個年頭，王純健決定退居第二線，他只給自己這段奮鬥的歷程，打了 80 分，因為他期望自己還能為股東、員工、顧客做得更好。2012 年，71 歲的他，強調自己不是退休，是人生七十再開始！

輕人，自己則做其他更適合的事情，所以他卸下崇越電通董事長一職，不過是階段性的轉折。

他秀出自己親手寫下的 12 個大字──「開創燦爛人生，創造崇越版圖」，他眼中閃著肯定的光芒說，「這就是我的人生目標！」

（文／葉雅馨、黃又怡、楊育浩、蔡睿縈）

王純健到國外開會或視察，會想辦法利用空檔時間，帶太太四處走走，安排旅行的休閒生活。

王純健
「當機立斷」的壓力管理法

「凡事要求完美，就是對自己過不去」，王純健解釋，完美是不可能的，且「太完美會遭天忌」，因此，要留一點缺陷才正常，有一些事讓別人去完成。「接受不完美，心眼打開，心，也就寬了。」

「壓力」對王純健來說，很少造成問題或負擔，他的祕訣就是，用最快的方法解決問題，問題一來，立刻左手來、右手去，不讓問題鎖住眉頭，綑綁心神。

聽起來簡單，但能做到當機立斷解決問題確實不易，不過，擅長頭腦體操的王純健，就是有本事立刻想出解決的對策。「比如：有同仁在電梯拋出一個困難的問題給我，坐電梯才幾秒時間，到樓下我就給答案，問題立刻處理掉，怎麼會有壓力！」也就是這股決策魄力，讓他能帶領崇越電通走過風風雨雨，在國內科技產業中站穩腳步，奔向卓越。

單車校長，認真用心走每一步

謝正寬
求知若渴，
知道自己不足的地方

1941 年生，是臺灣本土企業功學社創始人謝敬忠的么子，畢業於東京教育大學相談研究所，回國後即投身家族事業，1972 年開始負責功學社的單車部門，10 年後單車部門獨立成為 KHS 功學社單車公司，目前是臺灣第三大自行車製造商。

1999 年，喜愛單車運動的謝正寬，創辦臺灣第一所「單車學校」，自稱「謝校長」，宣導正確的乘騎單車知識，並免費為車友上課，2007 年成立「校長部落格」，短短一年創下 250 多萬人次瀏覽紀錄。2008 年，歷時 5 年完成《單車學校教你的 52 堂課》一書，以專業的圖解教導讀者，正確騎乘單車的技巧與方法。

2009 年，他成立中華民國單車安全協會，培育許多單車安全指導員，教人先自求提昇騎車安全技術，而後指導他人安全騎乘。現在他仍努力研究最安全的騎乘方式，推廣單車運動。

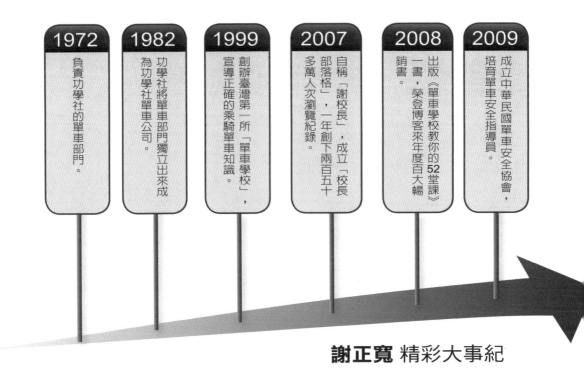

1972	1982	1999	2007	2008	2009
負責功學社的單車部門。	功學社將單車部門獨立出來成為功學社單車公司。	創辦臺灣第一所「單車學校」，宣導正確的乘騎單車知識。	自稱「謝校長」，成立「校長部落格」，一年創下兩百五十多萬人次瀏覽紀錄。	出版《單車學校教你的52堂課》一書，榮登博客來年度百大暢銷書。	成立中華民國單車安全協會，培育單車安全指導員。

謝正寬 精彩大事紀

　　年過70的謝正寬，生活忙碌的程度不輸給一般年輕的上班族。他的工作和休閒都和單車有關，單車已成了他身體的一部分，他樂於推廣單車運動，架部落格分享心得，至今已有近500萬人次的網友瀏覽；他樂於學習接觸許多新事物，連時下最流行的Facebook，也懂得操作。

　　2011年的12月中，寒流一波波來襲，愛騎單車的謝正寬，不畏寒風刺骨，與20多個車友一同到澎湖騎單車，挑戰澎湖冬天的狂風。「感覺整個澎湖，大概只有我們24位想玩風的遊客，我還為這趟騎車取了『風之島－御風單車行』的名稱，真的是被風吹著

你騎，這種經驗只有澎湖才有，一位女性車友騎過澎湖大橋以後，滿臉疲憊跟我說：『校長，我剩下意志力在騎車。』」，謝正寬的嘴角泛著乘風破浪的笑容，陶醉在被風追的快感中。

　　一聊起單車或騎車的生活，謝正寬總有說不完的人生體驗和故事，他樂於分享自己的單車經驗給車友，在自己的部落格，只要有時間，他也會親自回覆網友各種對單車的疑難雜症，他像個全能的單車博士。

三代貴族氣息
打造單車校長

　　車友最喜歡叫他「校長」，11 年前，他設立了一所「單車學校」，4 年前，也成立「校長部落格」。他自爆有一位大陸雜誌的造型師直說他有三代貴族的氣質，當時他心想一個經常穿車衣

騎車不必逞強，也不逞快！
留得青山在，何處不騎車？

謝正寬稱妻子為「女王」，2008 年，他們第一次騎協力車環島。謝正寬糗「女王」說：「我們兩個加起來 130 幾歲的老人環島，我屁股也騎破皮，頂著風，牙齦咬到發痛……，她居然在後座騎到睡著……。」雖然過程中一度想放棄，但他仍堅持騎完。騎協力車需要有默契，他和妻子 2012 年再次騎協力車，悠遊金門。

騎單車的重點，
不是在計算騎乘多少公里數，
而應該是在欣賞自然生態。

謝正寬的經營哲學

| 讓人感受誠意 | → | 就是成功的一半 |

的人，怎麼可能與貴族沾上邊，後來想想不無道理，「我的阿祖是總兵，阿公是警察，老爸是校長，還真的是如此！」因此單車校長的封號，他不僅擔當的起，還當的超級有風，要將所有騎乘單車的安全知識，透過課程、出版、網站及旅遊的管道，傳遞給每一名單車愛好者。

　　謝正寬創辦功學社單車學校的原因很簡單，曾經有一個三育

當你認真一件事情的時候，會暫時忘記煩惱，勇敢面對問題的挑戰，自然就能解決問題。

基督教團體，常是 30 個大人帶著 30 個小孩騎車出遊，但摔車頻繁，因而前來請教他可不可以上單車安全課程，不要再傷痕累累？他心想：有安全騎乘的需要，哪有不開課的道理，單車安全宣導課程於焉展開。

最初開班上課人數不多，漸漸口耳相傳，人數愈來愈滿，如今學校已成立 11 年，還在陸續開課中，不僅研發乘騎安全技術，像騎前檢點、騎後休養、騎乘姿勢、騎乘時隊形、注意力，並製作了一本「安全教育」小冊子送給車友們，以降低單車事故發生率。

單車運動醫學很重要
從原理探討騎乘安全

謝正寬不僅懂單車，也懂單車運動醫學的道理。他高興地分享，這是他近年來對騎乘單車研

謝正寬的體力不輸年輕人，他在 2011 年，參加「KHS 仙特里盃挑戰賽」時，完成 160 英里的挑戰，，並且平均時速 25 公里。

究的學習心得。他說：「以乳酸堆積為例，通常隨著騎乘速度增強後，肌肉疼痛很常見，常變成鐵腿，這是身體乳酸愈堆愈多，來不及排除所造成，堆積的乳酸會抱著蛋白質，所以腿會『痛』彈不得。」遇到「鐵腿」，很多人乾脆坐著不動，藉此恢復體力，但他的經驗不是如此，「坐著不動，不表示可以快一點解除疲勞，該怎麼辦？採用 Walking Bicycle（下車推行）就可以很快排除，身體排除廢物的順序是先排掉乳酸，再排掉尿酸，很快就會解除身體的疲勞。」

在他的研究中，Walking Bicycle 不只能解除疲勞，更是安全騎乘信條，騎乘時遇到心臟不適時，要立即採用 Walking Bicycle，先輕踩踏板，後下車推行，「如果連走路都有困難，就坐下來休息，

但要立即上下擺動腳板,我們叫『打氧氣』,不能坐著不動。」

他說,有一位開過心臟的車友,醫師提醒運動時心跳不宜超過
120bpm,要保持 100 ~ 110 bpm,一次騎乘中發覺頭暈目眩,查看
心跳表,降到 60 幾,立即放慢騎乘速度,輕踩踏板不停車,讓心

引進豐田模式,為功學社升級

謝正寬認為,「其實豐田模式的精華,不是現在大家口中拼命
強調的『零庫存』,真正的精華應該是在於生產『最少的需要
量』。」所以,功學社每生產一輛新的腳踏車,一定是精準的
算出消費者的需求,運用「多樣少量」的策略,減少不必要的
浪費,但是卻能夠提供給消費者更多的選擇。

謝正寬介紹完整的單車配備，從頭盔、頭巾、護目鏡、手套、車衣、車褲、襪子、卡鞋一應俱全，他可以輕鬆一手扛起他騎乘多年的座騎，10 公斤重的糖果色系小徑腳踏車。

跳恢復到 90bpm，才下車推行，最後停下來休息，擺動腳板打氧氣，結果救了自己一命，回診後發現當時是腦部缺氧，還好照著 Walking Bicycle 的做法，讓心跳逐漸穩定。

部落格貼近車友心聲
寫作傳遞正確騎乘知識

隨著網路交流的熱浪，謝正寬架設了「校長部落格」，最初構想一樣很簡單，是一種互動平臺，傳遞正確單訊及回答車友問題，未料人氣旺，截至 2012 年 6 月止，瀏覽人次已超過 480 萬。

他喜孜孜地說：「剛架好的時候，一天常有 1 萬人瀏覽，我自己都嚇了一跳，怎麼會有這麼多人看？還要回應，每天光回信，就要好幾個小時，真的好忙！漸漸平穩了，但昨天也破了 2000 人，好久沒這麼多人次了，

做任何事情一定要積極、主動，但愈是面對難關，愈要保持最佳狀態，輕鬆以對，才能走得長遠。

謝正寬傾聽車友的心聲

1 架設部落格每天固定上網 2〜3 次，了解車友動態，不時親自回覆內容。

2 成立粉絲專頁，與車友保持互動。

3 出版單車專書，為車友解決疑惑。

應該是 PO 了澎湖騎乘內容的關係。」謝正寬坦言說，目前沒有辦法每一封都回覆，會請公司的人幫忙處理，但每天還是會固定上網 2、3 次，隨時了解車友動態，不時自己也會回覆內容。

邊教學，邊研究，邊累積了不少單車安全知識及心得，近年來騎乘單車成為最夯的全民活動，從小到老都可以享受鐵馬行，由於民眾愈來愈重視騎乘安全，搭著順勢而為的順風車，他努力的整理教材及文章，已經出版了《單車學校教你的 52 堂課》、《單車校長的騎車筆記本》及《飛騎 BOOK 金門單車旅遊》三本單車書，每一本都是他字字斟酌、嘔心瀝血、千錘百鍊的著作，第一本《單車學校教你的 52 堂課》花了他 8 年時間，近期也發行簡體版，還未出版前，已被大陸網友下載了 19 萬次。《飛騎 BOOK 金門單車旅遊》是受金門國家公園管理處邀請而寫的金門單車旅遊安全手冊，是本結合單車運動醫學及景觀的專書。

謝正寬喜歡被車友稱為「校長」，只要有單車出遊的活動，他總是領著大家往前，並指導騎乘應注意的安全，
他會留意並提醒出遊的車友騎前檢點、騎後休養、騎乘姿勢、騎乘時的隊形等細節。

騎單車，要騎得遠，很重要的是要以輕鬆的心態去騎，不必逞強、不必逞快，就像走路一樣，腳不痠、氣不喘，自然不會累又騎得遠，人生，不是也該如此嗎？

每一步都很認真用心
不斷學習，豐富人生

雖然，謝正寬的單車教育理念只是隨口說出，卻很有系統，似乎每一步驟都有計畫，但他的答案是：「我不是天才，是認真型的人，許多事情好像是水到渠成，但在做的時候是走一步算一步，後面看起來是有這麼一回事，其實不是故意的。」從謝正寬的人生歷程來看，高低起伏在所難免，但他走的每一步都很認真、用心，留下來的腳印反而成就了他的人生，就連捷安特董事長劉金標對他所投入的單車安全教育都很佩服，他們是市場競敵，卻是可以對話的朋友，還替他寫第一本書的序言，認真的力量可見一斑。

從小雙親就給他很大自由，即使功課比不上三位哥哥，父母親都很尊重他，不會限制他的任

謝正寬為了推廣正確的騎乘知識，花了 8 年的時間整理教材及文章，才完成《單車學校教你的 52 堂課》一書的出版，隨後又出版了《單車校長的騎車筆記本》及《飛騎 BOOK 金門單車旅遊》。他做事細心，不喜歡假他人之手，每一本都是他字字斟酌、嘔心瀝血、千錘百鍊的著作。

何學習，愛爬山、摔柔道、愛滑雪，即使在日本求學的 6 年中，從經濟學跨足心理學，還成為諮商師的過程，父母都讓他自己決定。

謝正寬說：「不過很幸運，我碰到了許多好老師、貴人。」所謂老師，在謝正寬的眼中很寬廣，當他想學什麼的時候，就會遇到對的人、資訊及書籍，這些有形及無形的學問都是他的老師，目前的謝正寬已經進入到「知之為知之，不知為不知，是知也」的謙卑境界，「要知道自己不知道或不足地方，才會開始學習，但是你真的知道自己不知道嗎？」正因為如此，謝正寬的紓壓之道就是不斷學習，從學習之中累積屬於自己人生的能量。

（文／梁雲芳、楊育浩）

單車是謝正寬的事業，也是他生活中最重要的一部份，他認為騎單車的同時還可以賞鳥、賞蝴蝶，結合運動與觀光，是很好的休閒活動。

謝正寬開發市場
的成功祕訣

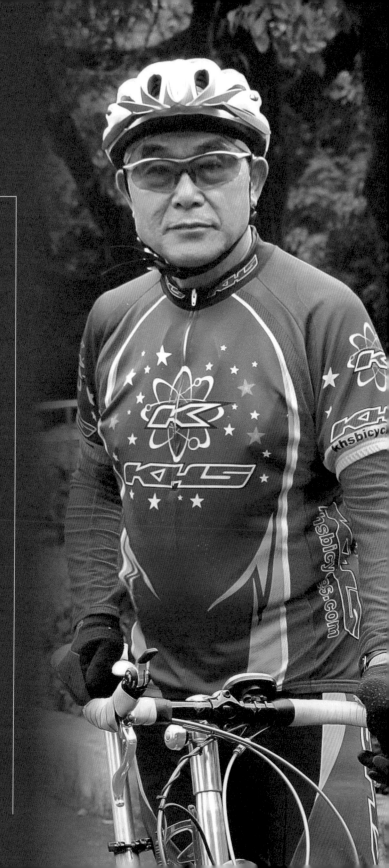

　　許多人常問謝正寬，
功學社開發的成功祕訣是什
麼？他說，其實就只是「看
到需要」。雖然是很簡單的
道理，卻也是最難懂的道
理。

　　正因如此，謝正寬不
斷勇於學習各種新知，甚至
還保持與年輕人互動，成立
KHS 校長部落格、粉絲團
等，只為了聽取意見。因為
他體認到，「知」是一門很
難的學問。要知道自己不知
道或不足地方，隨時保有學
習的熱誠。

欣賞人生的風景

文／葉雅馨（大家健康雜誌總編輯）

　　「人生好比坐火車，每經過一個火車站，所看到的景觀都會不一樣，有時候，火車會經過黑暗的隧道，但是通過隧道後又是一片柳暗花明。」這是一次統一超商前總經理徐重仁參與新書發表記者會，對人生一個很生動的比喻。是的，特別隨著年齡增長閱歷愈來愈廣，看到人生風景愈來愈多。

　　孔子說：「七十而隨心所欲，不逾矩。」過了這樣的年齡，比起從前更有份自在閒適。《隨心所欲：享受精彩人生》，我們採訪了10位70歲以上，來自各領域，備受推崇的長者，讓讀者看到他們不同的人生歷練、面對問題時的處世哲學與人生智慧。

　　這本書在編輯上，每個人物篇章一開始，我們為這些長者整理了人物小傳，接著摘錄他們人生中具代表性的作為及獲得的社會肯定，製作簡要的人生精彩大事紀，也特別用圖像化的製圖，將他們的人生觀、人生的目標、看待生命的想法等一一呈現，另外也用表格列出他

們對工作、退休、成功、挫折、心靈的成長、健康養生觀等看法。也
為每個人物選取 4 ～ 5 句精彩語錄做了醒目的編排，從文句中讀者更
能感受他們對人生的想法及過了 70 歲能隨心所欲的理由。

　　這本書中年齡最長的長者 86 歲，年齡最小的長者也有 71 歲，他
們當下的年齡與人生智慧的確適合用「隨心所欲」來讚揚他們的人生
境界。這 10 位長者，依年齡排序，分別是：

● 一生都奉獻在基礎醫學教育上，對臺灣營養教育，貢獻卓
　著的**黃伯超**教授，即使高齡 86 歲的他，至今仍不時到學
　校，與年輕學子討論研究。

● 知名的演員，1989 年卸下演藝界的榮耀，全心投入慈善活
　動的終身義工**孫越**，他傳播福音的腳步不曾停歇，親身參
　與多項公益活動，也從未停止。

● 臺灣知名的企業和成集團第二代經營者**邱俊榮**總裁，每天
　生活還是保有目標的在鍛鍊自己，讓人佩服的是，他還以
　76 歲的高齡完成「攀登玉山」的心願。

● 以達觀積極角度為女性答疑解惑的心靈導師，當代最有影

響力的女性作家**薇薇夫人**，仍保持一顆學習心，自在的生活與創作。

● 資深的廣告人，臺灣的廣告教父**賴東明**董事長，退休後，仍保持樂活的態度體驗人生，不停為公益團體積極奔走四方，想幫助更多人也能快樂。

● 知名的婦產科醫師，人文教育的實踐家**謝孟雄**董事長，雖然身兼多個單位的領導人，但還是喜歡學校的生活環境，保持講課，與學生互動在一起。

● 臺灣當代最具代表性的全方位醫療倫理的教育者**黃勝雄**院長，放棄原本優渥的環境，跑到東臺灣的後山努力經營門諾醫院，而且一待至今已近 20 年。

● 為企業培養人才，促進社會學習的**黑幼龍**先生，一直保持一顆年輕的心與活力的外表，因為他樂在工作，熱愛工作，不覺得身心疲乏。

● 臺灣企業家，知名的矽達人**王純健**董事長，有著鬥志昂揚

隨心所欲
享受精彩人生

的工作精神，不斷追求挑戰自我，努力提升自己能力和視野，並為公司的規劃繼續貢獻心力。

● 推廣單車運動，創辦臺灣第一所單車學校的**謝正寬**校長，生活忙碌而充實，為了推廣騎乘單車的安全教育，他也學習使用 Facebook，與車友互動。

　　本書感謝多位名人的肯定，包括前東海大學校長梅可望、統一集團總裁林蒼生、王品集團董事長戴勝益、金鐘主持人沈春華等人為本書撰序推薦。中央研究院院士曾志朗、綜藝教母張小燕及富邦文教基金會董事陳藹玲，也為本書列名推薦。

　　孫叔說：「我們的人生像時序的四季，春、夏、秋、冬都可以各展其美：孩提時像春天的希望、青壯年像夏季的熱情奔放、中年像秋天的豐收、到了老年就像冬季裡的暖陽，每一個季節都有它優美獨特之處。」人生各階段都有不同的美好風景，等待著我們欣賞體驗。

　　《隨心所欲：享受精彩人生》這本書，邀你一同感受生命的美好，看完本書，可以想想，當你 70 歲時，希望擁有什麼樣的人生風貌呢！

保健生活系列

用對方法，關節不痛

定價／250元
總編輯／葉雅馨

你知道生活中哪些傷害關節的動作要避免？如果關節炎纏身，痠痛就要跟定一輩子？本書教你正確保養關節的祕訣，從觀念、飲食、治療到居家照護的方法，圖文並茂呈現，讓你輕鬆了解關節健康，生活零阻礙！

做個骨氣十足的女人——骨質疏鬆全防治

定價／220元　策劃／葉金川
編著／董氏基金會

作者群含括國內各大醫院的醫師，以其對骨質疏鬆症豐富的臨床經驗與醫學研究，期望透過此書的出版，民眾對骨質疏鬆症具有更深入的認識，並將預防的觀念推廣至社會大眾。

做個骨氣十足的女人——灌鈣健身房

定價／140元　策劃／葉金川
作者／劉復康

依患者體適能狀況及預測骨折傾向量身訂做，根據患者骨質密度及危險因子分成三個類別，訂出運動類型、運動方式、運動強度頻率及每次運動時間，動作步驟有專人示範，易學易懂。

做個骨氣十足的女人——營養師的鈣念廚房

定價／250元　策劃／葉金川
作者／鄭金寶

詳載各道菜餚的烹飪步驟及所需準備的各式食材，並在文中註名此道菜的含鈣量及其他營養價值。讀者可依口味自行安排餐點，讓您吃得健康的同時，又可享受到美味。

氣喘患者的守護——11位專家與你共同抵禦

定價／260元　策劃／葉金川
審閱／江伯倫

氣喘是可以預防與良好控制的疾病，關鍵在於我們對氣喘的認識多寡，以及日常生活細節的注意與實踐。本書從認識氣喘開始，介紹氣喘的病因、藥物治療與病患的照顧方式，為何老是復發？面臨季節轉換、運動、感染疾病時應有的預防觀念，進一步教導讀者自我照顧與居家、工作的防護原則，強壯呼吸道機能的體能鍛鍊；最後以問答的方式，重整氣喘的各項相關知識，提供氣喘患者具體可行的保健方式。

當更年期遇上青春期

定價／280元　編著／大家健康雜誌　總編輯／葉雅馨

更年期與青春期，有著相對不同的生理變化，兩個世代處於一個屋簷下，不免迸出火花，妳或許會氣孩子不懂妳的心，可是想化解親子代溝，差異卻一直存在……想成為孩子的大朋友？讓孩子聽媽媽的話？想解決更年期惱人身心問題？自在享受更年期，本書告訴妳答案！

男人的定時炸彈——前列腺

定價／220元　策劃／葉金川
作者／蒲永孝

前列腺是男性獨有的神祕器官，之所以被稱為「男人的定時炸彈」，是因為它平常潛伏在骨盆腔深處。年輕時，一般人感覺不到它的存在；但是年老時，又造成相當比例的男性朋友很大的困擾，甚至因前列腺癌，而奪走其寶貴的生命。本書從病患的角度，具體解釋前列腺發炎、前列腺肥大及前列腺癌的症狀與檢測方式，各項疾病的治療方式、藥物使用及副作用的產生，採圖文並茂的編排，讓讀者能一目了然。

悅讀心靈系列

憂鬱症一定會好

定價／220元　作者／稅所弘
譯者／林顯宗

憂鬱症是未來社會很普遍的心理疾病，但國人對此疾病的認知有限，因此常常錯過或誤解治療的效果。其實只要接受適當治療，憂鬱症可完全治癒。本書作者根據身心合一的理論，提出四大克服憂鬱症的方式。透過本書的介紹、說明，「憂鬱症會不會好」將不再是疑問！

憂鬱症百問

定價／180元　作者／董氏基金會心理健康促進諮詢委員（胡維恆、黃國彥、林顯宗、游文治、林家興、張本聖、林亮吟、吳佑佑、詹佳真）

憂鬱症與愛滋、癌症並列為廿一世紀三大疾病，許多人卻對它懷有恐懼、甚至感覺陌生，心中有很多疑問，不知道怎麼找答案。《憂鬱症百問》中蒐集了一百處憂鬱症的相關問題，由董氏基金會心理健康促進諮詢委員審核回答。書中提供的豐富資訊，將幫助每個對憂鬱情緒或憂鬱症有困擾的人，徹底解開心結，坦然看待憂鬱症！

放輕鬆

定價／230元　策劃／詹佳真
協同策劃／林家興

忙碌緊張的生活型態下，現代人往往都忘了放輕鬆的真正感覺，也不知道在重重壓力下，怎麼讓自己達到放鬆的境界。《放輕鬆》有聲書提供文字及有音樂背景引導之CD，介紹腹式呼吸、漸進式放鬆及想像式放鬆等放鬆方法，每個人每天只要花一點點時間練習，就可以坦然處理壓力反應、體會真正的放鬆！

不再憂鬱—從改變想法開始

定價／250元　作者／大野裕
譯者／林顯宗

被憂鬱纏繞時，是否只看見無色彩的世界？做不了任何事，覺得沒有存在的價值？讓自己不再憂鬱，找回活力生活，是可以選擇的！本書詳載如何以行動來改變觀點與思考，使見解符合客觀事實，不被憂鬱影響。努力自我實踐就會了解，改變—原來並不困難！

少女翠兒的憂鬱之旅

定價／300
作者／Tracy Thompson
譯者／周昌葉

「它不是一個精神病患的自傳，而是我活過來的歲月記錄。」誠如作者翠西湯普森（本書稱為翠兒）所言，她是一位罹患憂鬱症的華盛頓郵報記者，以一個媒體人的客觀觀點，重新定位這個疾病與經歷—「經過這些歲月的今天，我覺得『猛獸』和我，或許已是人生中的夥伴」。文中，鮮活地描述她如何面對愛情、家庭、家中的孩子、失戀及這當中如影隨形的憂鬱症。

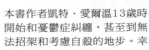

征服心中的野獸—我與憂鬱症

定價／250元　作者／Cait Irwin
譯者／李開敏　協同翻譯／李自強

本書作者凱特‧愛爾溫13歲時開始和憂鬱症糾纏，甚至到無法招架和考慮自殺的地步。幸好她把自己的狀況告訴母親，並住進醫院。之後凱特開始用充滿創意的圖文日記，準確地記述她的憂鬱症病史，她分享了：如何開始和憂鬱症作戰，住院、尋求治療、找到合適的藥，終於爬出死蔭幽谷，找回健康。對仍在憂鬱症裡沉浮不定的朋友，這本充滿能量的書，分享了一個的重要訊息：痛苦終有出口！

悅讀心靈系列

說是憂鬱，太輕鬆

定價／200元　作者／蔡香蘋
心理分析／林家興

憂鬱症，將個體生理、心理、靈性全牽扯在內的疾病，背叛人類趨生避死、離苦求樂的本能。患者總是問：為什麼是我？陪伴者也問：我該怎麼幫助他？本書描述八個憂鬱症康復者的生命經驗，加上完整深刻的心理分析，閱讀中就隨之經歷種種憂鬱的掙扎、失去與獲得。聆聽每個康復者迴盪在心靈深處的聲音，漸漸解開心裡的迷惑。

陽光心配方—憂鬱情緒紓解教案教本

工本費／150元　策劃／葉金川
編著／董氏基金會

國內第一本針對憂鬱情緒與憂鬱症推出的教案教本。教本設計的課程以三節課為教學基本單位，課程設計方式以認知活動教學、個案教學、小團帶領為主要導向，這些教案的執行可以讓青少年瞭解憂鬱情緒對身心的影響，進而關心自己家人與朋友的心理健康，學習懂得適時的覺察與調整自己的情緒，培養紓解壓力的能力。

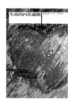

生命的內在遊戲

定價／220元　作者／Gillian Butler；Tony Hope　譯者／俞筱鈞

情緒低潮是生活不快樂和降低工作效率的主因。本書使用淺顯的文字，以具體的步驟，提供各種心理與生活問題解決的建議。告訴你如何透過心靈管理，處理壞情緒，發展想要的各種關係，自在地過你想過的生活。

傾聽身體的聲音—放輕鬆（VCD）

定價／320元　策劃／劉美珠
協同策劃／林大豐

人際關係的複雜與日增的壓力，很容易造成我們身體的疼痛及身心失調。本書引導我們回到身體的根本，以身體動作的探索為手段，進行身與心的對話，學習放鬆和加強身心的適應能力。隨著身體的感動與節奏，自在地展現。你會發現，原來可以在身體的一張一弛中，得到靜心與放鬆！放鬆，沒那麼難。

年輕有夢—七年級築夢家

定價／220元　編著／董氏基金會

誰說「七年級生」挫折忍耐度低、沒有夢想、是找不到未來的一群人？到柬埔寨辦一本中文雜誌、成為創意幸福設計師、近乎全聾卻一心想當護士……正是一群「七年級生」的夢想。《年輕有夢》傳達一些青少年的聲音，讓更多年輕朋友們再一次思考未來，激發對生命熱愛的態度。讀者可以從本書重新感受年輕的活力，夢想的多元性！

解憂—憂鬱症百問2

定價／160元　編著／董氏基金會
心理健康促進諮詢委員（胡維恆、黃國彥、游文治、林家興、張本聖、李開敏、李昱、徐西森、吳佑佑、葉雅馨、董旭英、詹佳真）

關於憂鬱症，是一知半解？一無所知？還是一堆疑問？《解憂》蒐集了三年來讀者對《憂鬱症百問》的意見、網路的提問及臨床常見問題，可做為一般民眾認識憂鬱症的參考書籍，進而幫助病人或其親人早日恢復笑容。

我們—畫說生命故事四格漫畫選集

定價／180元
編著／董氏基金會

本書集結很多人用各式各樣的四格漫畫，開朗地畫出對自殺、自殺防治這種以往傳統社會很忌諱的看

悅讀心靈系列

法。每篇作品都表現了不一樣的創意。在《我們》裡，可以發現到「自己」，也看到生命的無限可能。

常遇到引發憂鬱情緒的困擾與問題，透過專業人員的解答，提供讀者找到面對困境與挫折的因應方法，也從中了解憂鬱青、少年的樣貌，從旁協助他們走出憂鬱的天空。

我們—畫說生命故事四格漫畫選集 II
定價／180元
編著／董氏基金會

在人生的十字路口，難免有一點徬徨、有一點懷疑、有一點不知所措，不知道追求什麼？想一下，你或許會發現自己的美好！本書蒐集各式各樣四格漫畫作品，分別以不同的觀點和筆觸表現，表達如何增強自我價值與熱情生活的活力。讀者可透過有趣的漫畫創作形式，學習如何尊重與珍惜生命，而這些作品所傳達出的生命力和樂觀態度，將使讀者們被深深感動。

陪他走過—憂鬱青少年與陪伴者的互動故事
定價／200元　編著／董氏基金會
心理健康促進諮詢委員

憂鬱症，讓青少年失去青春期該有的活潑氣息，哀傷、不快樂、易怒的情緒取代了臉上的笑容，他們身旁的家人、師長、同學總是問：他怎麼了？而我該怎麼陪伴、幫助他？《陪他走過》本書描述十個憂鬱青少年與陪伴者的互動故事，文中鮮活的描述主角與家長、老師共同努力掙脫憂鬱症的經歷，文末並提供懇切與專業的解析與建議。透過閱讀，走入憂鬱症患者與陪伴者的心境，將了解陪伴不再是難事。

校園天晴—憂鬱症百問3
定價／200元　編著／董氏基金會
心理健康促進諮詢委員

書中除了蒐集網友對憂鬱症的症狀、治療及康復過程中可能遇到的狀況與疑慮之外，特別收錄網路上青少年及大學生最

心靈即時通
定價／200元　編著／董氏基金會
心理健康促進諮詢委員

書中內容包括憂鬱症症狀與治療方法的介紹、提供多元的情緒紓解技巧，以及分享如何陪伴孩子或他人走過情緒低潮。各篇文章篇幅簡短，多先以案例呈現民眾一般會遇到的心理困擾或困境，再提供具體建議分析。讓讀者能更深入認識憂鬱症，從中獲知保持心理健康的相關資訊。

憂鬱和信仰
定價／200元　編著／董氏基金會
心理健康促進諮詢委員

本書一開始的導論，讓你了解憂鬱、宗教信仰與精神醫療的關聯，並收錄六個憂鬱症康復者從生病、就醫治療與尋求宗教信仰協助，繼而找到對人生新的體悟，與心的方向的心路歷程。加上專業的探討與分享、精神科醫師與宗教團體代表的對話，告訴你，如何結合宗教信仰與精神醫療和憂鬱共處。

幸福的模樣—農村志工服務＆侍親故事
定價／200元　策劃／葉金川
編著／董氏基金會

有一群人，在冷漠疏離的社會，在農村燃燒熱情專業地服務鄉親，建立「新互助時代」，有一群人，在「養兒防老」即將變成神話的現代，在農村無怨無悔地侍奉公婆、父母，張羅大家庭細瑣的生活，可曾想過「幸福」是什麼？在這一群人的身上，你可以輕易見到幸福的模樣。

公共衛生系列

壯志與堅持─許子秋與台灣公共衛生
定價／220元　策劃／葉金川
作者／林靜靜

許子秋，曾任衛生署署長，有人說，他是醫藥衛生界中唯一有資格在死後覆蓋國旗的人。本書詳述他如何為台灣公共衛生界拓荒。

公益的軌跡
定價／260元　策劃／葉金川
作者／張慧中、劉敬姮

記錄董氏基金會創辦人嚴道自大陸到香港、巴西，輾轉來到台灣的歷程，很少人能夠像他有這樣的機會，擁有如此豐富的人生閱歷。他的故事，是一部真正有色彩、有內涵的美麗人生，從平凡之中看見大道理，從一點一滴之中，看見一個把握原則、堅持到底、熱愛生命、關懷社會，真正是「一路走來，始終如一」的勇者。

菸草戰爭
定價／250元　策劃／葉金川
作者／林妏純、詹建富

這本書描述台灣菸害防制工作的歷程，並記錄這項工作所有無名英雄的成就，從中美菸酒談判、菸害防制法的通過、菸品健康捐的開徵等。定名「菸草戰爭」，「戰爭」一詞主要是形容在菸害防制過程中的激烈與堅持，雖然戰爭是殘酷的，卻也是不得已的手段，而與其說這是反菸團體與菸商的對決、或是吸菸者心中存在戒菸與否的猶豫掙扎，不如說這本書的戰爭指的是人類面對疾病與健康的選擇。

全民健保傳奇Ⅱ
定價／250元　作者／葉金川

健保從「爹爹（執政的民進黨）不疼，娘親（建立健保的國民黨）不愛，哥哥（衛生署）姐姐（健保局）沒辦法」的艱困坎坷中開始，在許多人努力建構後，它著實照顧了大多數的人。此時健保正面臨轉型，你又是如何看待健保的？「全民健保傳奇Ⅱ」介紹全民健保的全貌與精神，健保局首任總經理葉金川，以一個關心全民健保未來的角度著眼，從制度的孕育、初生、發展、成長，以及未來等階段，娓娓道出，引導我們再次更深層地思考，共同決定如何讓它繼續經營。

那一年，我們是醫學生
定價／250元　策劃／葉金川

醫師脫下白袍後，還可以做什麼？這是介紹醫師生活與社會互動的書籍，從醫學生活化、人文關懷的角度出發。由董氏基金會前執行長葉金川策畫，以其大學時期（台大醫學系）的十一位同學為對象，除了醫師，他們也扮演其他角色，如賽車手、鋼琴家、作家、畫家等，內容涵蓋當年趣事、共同回憶、專業與非專業間的生活、對自己最滿意的成就及夢想等。

醫師的異想世界
定價／280元　策劃／葉金川
總編輯／葉雅馨

除了看診、學術……懸壺濟世的醫師們，是否有著不同面貌？《醫師的異想世界》一書訪問十位勇於築夢，保有赤子之心的醫師（包括沈富雄、侯文詠、羅大佑、葉金川、陳永興等），由其暢談自我的異想，及如何追求、實現異想的心路歷程。

公共衛生系列

12位異鄉人，傳愛到台灣的故事

定價／300元
編著／羅東聖母醫院口述歷史小組

你願意把60年的時光，無私奉獻在一個團體、一個島嶼、一群與你「語言不通」、「文化不同」的人身上？本書敘述著12個異國人，從年少就飄洋過海來到台灣，他們一輩子把最精華的青春，都留在台灣的偏遠地區，為殘障者、智障者、結核病患、小兒麻痺兒童、失智老人、原住民、弱勢者服務，他們是一群比台灣人更愛台灣人的異鄉人……

陽光，在這一班

定價／250元
策劃／葉金川　總編輯／葉雅馨

這一班的同學，無論身處哪一個職位，是衛生署長、是政治領袖、是哪個學院或醫院的院長、主任、教授……碰到面，每個人還是直呼其名，從沒有誰高誰一等的優勢。總在榮耀共享、煩憂分擔的同班情誼中。他們專業外的體悟與生活哲學，將勾起你一段懷念的校園往事！

繽紛人生系列

成長—11位名人偶像的青春紀事

定價／250元　總編輯／葉雅馨

人不輕狂枉少年，成長總有酸甜苦澀事。11個最動人真摯的故事，給遇到困境挫折的你，最無比的鼓勵與勇敢面對的力量。

視野

定價／300元　作者／葉金川

在書中可看到前衛生署長葉金川制訂衛生政策時的堅持、決策與全心全意，也滿載他豐富的情感。他用一個又一個的心情故事，分享生命中的快樂與能量，這是一本能啟發你對工作生活的想望、重新點燃生活熱誠、開啟另一個人生視野的好書！

運動紓壓系列

《行男百岳物語》—一生必去的台灣高山湖泊

定價／280元　作者／葉金川

這是關於一位積極行動的男子和山友完成攀登百岳的故事。書裡有人與自然親近的驚險感人故事，也有一則則登高山、下湖泊的記趣；跟著閱讀的風景，你可窺見台灣高山湖泊之美。

大腦喜歡你運動—台灣第一本運動提升EQ、IQ、HQ的生活實踐版

定價／280元　總編輯／葉雅馨

生活中，總被「壓力」追著跑？想要心情好、記憶強、學習力佳？本書從運動的原理，揭示運動不只能訓練肌肉，還能增進智力商數（IQ）、情緒商數（EQ）以及健康商數（HQ）。除了教你打造適合自己的運動計畫、提供多種輕鬆上手的運動、更有精彩人物分享運動抗壓的心得，讓你懂得「非動不可的好處」、「運動戰勝壓力的方法」！

隨心所欲 享受精彩人生

總　編　輯／葉雅馨
主　　　編／楊育浩
執 行 編 輯／蔡睿縈、李明瑾、林潔女
採　　　訪／張慧心、梁雲芳
攝　　　影／許文星
封 面 美 術 設 計／呂德芬
內 頁 美 術 設 計／梁蘊華

照 片 提 供／黃伯超、孫　越、邱俊榮、薇薇夫人、賴東明、謝孟雄、
　　　　　　　黃勝雄、黑幼龍、王純健、謝正寬（依文章先後順序）

出 版 發 行／財團法人董氏基金會《大家健康》雜誌
發行人暨董事長／謝孟雄
執　行　長／姚思遠

地　　　址／台北市復興北路 57 號 12 樓之 3
電　　　話／02-27766133#252
傳　　　眞／02-27522455、27513606
網　　　址／www.jtf.org.tw/health
部　落　格／jtfhealth.pixnet.net/blog
社 群 網 站／www.facebook.com/happyhealth

郵 政 劃 撥／07777755
戶　　　名／財團法人董氏基金會

總　經　銷／吳氏圖書股份有限公司
電　　　話／02-32340036
傳　　　眞／02-32340037

法 律 顧 問／衆勤國際法律事務所

國家圖書館出版品預行編目資料

隨心所欲：享受精彩人生／葉雅馨總編輯 -- 初版 .--
臺北市：董氏基金會《大家健康》雜誌 2012.08
208 面；23 公分
ISBN 978-986-85449-4-9（平裝）
1. 成功法 2. 生活指導
177.2　　　　　　　　　　　　　　　101014128